I0207821

www.ingramcontent.com/pod-product-compliance
Lightning Source LLC
Chambersburg PA
CBHW020007050426
42450CB00005B/350
9781685682453

פרמאהנסה יוגאננדה
(1893–1952)

אמרות מאת
פרמאהנסה יוגאננדה

Self-Realization Fellowship
FOUNDED 1920 BY PARAMAHANSA YOGANANDA

אודות הספר: האוסף הזה של אמרות, אנקדוטות ודברי חוכמה מאת פרמאהנסה יוגאננדה הוצא לראשונה לאור בשנת 1952 על ידי Self-Realization Fellowship ב"המאסטר אמר", זמן קצר לאחר שעזב את גופו. הספר חובר והודפס על ידי חברי המסדר הנזירי של Self-Realization Fellowship שהוקם על ידי פרמאהנסה יוגאננדה, והודפס באופן רציף למשך שישים שנים. אנו מודים לחסידים הרבים שחלקו פה זיכרונות יקרים של שיחות וחוויות אישיות עם שרי יוגאננדה.

הספר ראה אור באנגלית בהוצאה
Self-Realization Fellowship, לוס אנג'לס, קליפורניה
Sayings of Paramahansa Yogananda

ISBN: 978-0-87612-116-0

תורגם לעברית על ידי Self-Realization Fellowship

Copyright © 2025 Self-Realization Fellowship

כל הזכויות שמורות. למעט ציטוטים קצרים בביקורות ספרים, אין לשכפל, להעתיק, לאחסן, להעביר או להציג כל חלק מהספר *אמרות מאת פרמאהנסה יוגאננדה* (*Sayings of Paramahansa Yogananda*) בכל צורה או בכל אמצעי (אלקטרוני, מכני או אחר) הידועים כיום או שיומצאו בעתיד ־ כולל צילום, הקלטה, או כל מערכת לאחסון ושליפה של מידע ־ ללא קבלת אישור בכתב מראש מ
Self-Realization Fellowship, 3880 San Rafael Avenue, Los Angeles, California 90065-3219, U.S.A.

באישור מחלקת ההוצאה לאור הבינלאומית של
Self-Realization Fellowship

שם וסמל Self-Realization Fellowship לעיל מופיעים בכל הספרים, הקלטות ושאר פרסומים של SRF, ומהווים אישור לכך שהיצירה מקורה באגודה שהקים פרמאהנסה יוגאננדה הממשיכה בלימוד תורתו בנאמנות.

הוצאה ראשונה בעברית, 2025
First edition in Hebrew, 2025
מהדורה זו, 2025
This printing, 2025

ISBN: 978-1-68568-245-3

1565-J8770

תוכן עניינים

הקדמה ... ix

אמרות מאת פרמאהנסה יוגאננדה ... 2

אודות המחבר ... 101

פרמאהנסה יוגאננדה: יוגי בחייו ובמותו ... 103

מקורות נוספים על תורת הקריה יוגה של פרמאהנסה יוגאננדה ... 105

שיעורי Self-Realization Fellowship ... 106

מטרות ואידיאלים של Self-Realization Fellowship ... 107

מילון מונחים ... 115

תמונות

פרמאהנסה יוגאננדה:

בדף הפתיחה

בכנס של Self-Realization Fellowship, בברלי הילס, קליפורניה, 1949..34

במדיטציה, דיהיקה, הודו, 1935........................46

ליד בית תפילה של Self-Realization
סאן דיגו, קליפורניה, 1949 60

עם מושל קליפורניה לשעבר גודווין ג'י. נייטלי, בחנוכת אולם הודו של SRF, הוליווד, קליפורניה, 1951 72

עם אודאי ואמלה שנקר, במרכז האשרם של Self-Realization, אנסיניטאס, קליפורניה, 1950 72

נואם בלייק שריין של Self-Realization, פאסיפיק פאליסאדס, קליפורניה, 1950 88

אחר:

המטה הראשי, Self-Realization Fellowship, לוס אנג'לס, קליפורניה 98

מורשתו הרוחנית של פרמאהנסה יוגאננדה
מכלול כתבים, הרצאות ושיחות לא רשמיות

פרמאהנסה יוגאננדה ייסד את ‎Self-Realization Fellowship˙‎ בשנת 1920 כדי להפיץ את תורתו ברחבי העולם ולשמר את טוהרה ונאמנותה לדורות הבאים. הוא הרבה לכתוב ולהרצות כבר בשנותיו הראשונות באמריקה, והותיר אחריו מכלול יצירה עשיר ומכובד המתייחס למדע היוגה והמדיטציה, אמנות איזון החיים והאלמנטים המאחדים הטמונים בשורש כל הדתות. מורשתו הרוחנית הייחודית ומרחיקת הלכת ממשיכה לספק השראה למיליוני מבקשי אמת ברחבי העולם עד ימינו אנו.

בהתאם למשאלתו המפורשת של המורה הגדול, ‎Self-Realization Fellowship‎ ממשיכה לדאוג לכך שמכלול יצירותיו של פרמאהנסה יוגאננדה לא יאזלו מן המדפים. אלו כוללות לא רק את הגרסאות האחרונות של כל הספרים שפרסם במהלך חייו, אלא גם כותרים חדשים רבים – יצירות שטרם ראו אור עת פטירתו בשנת 1952, או שהתפרסמו בצורה חלקית לאורך השנים בירחון ‎Self-Realization Fellowship‎, וכן מאות הרצאות מרתקות ושיחות לא רשמיות שהוקלטו אך לא הועלו על הכתב טרם מותו.

פרמאהנסה יוגאננדה בחר ואימן במו ידיו את תלמידיו הקרובים העומדים בראש מועצת הפרסום של ‎Self-Realization Fellowship‎, והנחה אותם בפרוטרוט כיצד לערוך ולפרסם את כתביו. חברי מועצת

˙ מילולית, "אחוות ההכרה העצמית". פרמאהנסה יוגאננדה הסביר שהשם מסמל "אחווה עם האל מתוך הכרה עצמית, וחברות עם כל הנשמות המבקשות אמת."

הפרסום של SRF (נזירים ונזירות שנקטו שבועת התנזרות ושירות לזולת לכל חייהם) רואים בהנחיות הללו ברית מקודשת שנועדה להבטיח שמורשתו של המורה האהוב לעולם תמשיך להתקיים במלוא עוצמתה ובדיוק מלא.

חותם Self-Realization Fellowship (המוצג למעלה) עוצב על ידי פרמאהנסה יוגאננדה כסמלו של המלכ"ר שהכתיר כמקור המורשה לכל פרסומיו. שמה של האגודה וסמלה המוטבעים על כל פרסומיה ורישומיה של האחווה מבטיחים לקורא שמקור היצירה הוא אכן בארגון שהקים פרמאהנסה יוגאננדה, והיא משקפת את תורתו כפי שהוא עצמו התכוון שתוצג.

Self-Realization Fellowship

הקדמה

*מי יכול להיקרא בצדק מאסטר? אין ספק ששום אדם רגיל אינו ראוי לתואר הזה. ולעיתים נדירות מופיע על פני האדמה אחד מאותה חברה קדושה שאליה התייחס המאסטר הגלילי: "המאמין בי [בתודעה המשיחית] יעשה גם הוא את המעשים אשר אנוכי עושה."**

בני אדם הופכים למאסטרים על ידי משמעת של העצמי הקטן, או האגו; דרך ביטול כל הרצונות מלבד אחד - הרצון לאלוהים; דרך מסירות נפש אליו; ודרך מדיטציה עמוקה - התקשרות הנשמה עם הרוח האוניברסלית. מי שהכרתו מבוססת לחלוטין באלוהים, המציאות היחידה, ראוי להיקרא מאסטר.

פרמאהנסה יוגאננדה, המאסטר שדבריו מתועדים באהבה בספר זה, היה מורה עולמי. בהצביעו על האחדות המהותית של כל כתבי הקודש הגדולים, הוא שאף לאחד את המזרח והמערב בקשרים מתמשכים של הבנה רוחנית. דרך חייו וכתביו הוא הצית באינספור לבבות ניצוץ אלוהי של אהבה לאל. הוא חי ללא מורא לפי מצוות הדת הגבוהות ביותר והכריז שכל חסידי האב שבשמים, ללא קשר לאמונתם, יקרים לו במידה שווה.

השכלה אוניברסיטאית ושנים רבות של הכשרה רוחנית בארץ הולדתו, הודו, תחת המשמעת הספרטנית של הגורו שלו (המורה הרוחני), סוואמי שרי יוקטשוואר, הכינו את פרמאהנסה יוגאננדה למשימתו במערב. הוא הגיע לבוסטון בשנת 1920 כנציג הודו לקונגרס של ליברלים דתיים, ונשאר באמריקה למעלה משלושים שנה (למעט ביקור חוזר בהודו בין השנים 1935–1936).

הצלחה פנומנלית הושגה במאמציו לעורר באחרים רצון להתכונן

* הבשורה על פי יוחנן יד:12.

עם אלוהים. במאות ערים, שיעורי היוגה* שלו שברו את כל שיאי הנוכחות. הוא בעצמו חנך ליוגה מאה אלף תלמידים.

לחסידים הרוצים ללכת בדרך הנזירית, המאסטר הקים מספר מרכזי אשרם של Self-Realization Fellowship בדרום קליפורניה. שם, מחפשי אמת רבים לומדים, עובדים ועוסקים בתרגולי מדיטציה המשקיטים את המוח ומעוררים מודעות לנשמה.

התקרית הבאה בחייו של המאסטר באמריקה ממחישה את קבלת הפנים החמה שקיבל מאנשים שניחנו בתפיסה רוחנית:

במהלך סיור באזורים שונים בארצות הברית, עצר יום אחד לבקר במנזר נוצרי. הנזירים קיבלו אותו בחשש מסוים, כשהם מבחינים בעורו הכהה, שיערו השחור הארוך וגלימת האוכרה – הלבוש המסורתי של נזירים מהמסדר הסוואמי**. בחושבם שהוא כופר, הם עמדו לסרב לו פגישה עם אב המנזר. אך האיש הטוב הזה נכנס לחדר, ובפנים קורנות ובזרועות פתוחות, הוא ניגש וחיבק את פרמאהנסאג'י*** וקרא: "איש אלוהים! אני שמח שבאת."

ספר זה חושף הצצות אישיות נוספות לטבעו רב-הפנים של המאסטר, המאופיין בהבנה חומלת לאדם ובאהבת אינסוף לאלוהים.

זו זכות ואמון מקודש עבור Self-Realization Fellowship, הארגון שפרמאהנסה יוגאננדה ייסד למטרת הפצה והנצחה של תורתו וכתביו, לפרסם את מבחר האמרות של המאסטר. כרך זה מוקדש למשפחת התלמידים העולמית של Self-Realization Fellowship ולכל שאר מחפשי האמת.

---

* ראה מילון מונחים.
** ראה מילון מונחים.
*** ראה "ג'י" מילון מונחים.

אמרות מאת פרמאהנסה יוגאננדה

אמרות מאת
פרמאהנסה יוגאננדה

"אדוני, מה עלי לעשות כדי למצוא את אלוהים?" שאל תלמיד. המאסטר ענה:

"בכל זמן פנוי, צלול עם תודעתך לתוך המחשבה האינסופית עליו. דבר אתו באינטימיות; הוא הקרוב שבקרובים, היקר שביקרים. אהוב אותו כפי שקמצן אוהב כסף, כפי שאדם נלהב אוהב את אהוב־תו, כפי שאדם טובע אוהב את הנשימה. כשכמיהתך לאלוהים תהיה עזה, הוא יבוא אליך."

❖ ❖ ❖

תלמיד התלונן בפני המאסטר שהוא אינו מצליח למצוא עבודה. הגורו˙ אמר:

"אל תחזיק במחשבה ההרסנית הזו. כחלק מהיקום, יש לך מקום מהותי בו. אם צריך, נער את העולם כדי למצוא את עבודתך! אל תוותר, ותצליח."

❖ ❖ ❖

˙ ראה מילון מונחים.

"הלוואי והייתה לי אמונה, מאסטר," אמר אדם. פרמאהנסאג'י ענה:

"אמונה צריך לטפח, או ליתר דיוק לחשוף מתוכנו. היא שם, אך יש לשלוף אותה החוצה. אם תתבונן בחייך, תראה את אינספור הדרכים שבהן אלוהים פועל; כך תתחזק אמונתך. מעטים האנשים המחפשים את ידו הנסתרת. רוב האנשים חושבים שאירועי החיים הם טבעיים ובלתי נמנעים. הם אינם מבינים אילו שינויים קיצוניים אפשריים באמצעות תפילה!"

❖ ❖ ❖

תלמידה מסוימת נעלבה מכל אזכור של פגמיה. יום אחד, פרמאהנסאג'י אמר:

"מדוע שתתנגדי לכך שיתקנו אותך? האם זו לא הסיבה שלמע־נה אני כאן? הגורו שלי ביקר אותי לעיתים קרובות בפני אחרים. לא התרעמתי על כך, כי ידעתי ששרי יוקטשוואר ניסה לגרש את הבורות שלי. איני רגיש עוד לביקורת; לא ווחרו בי אזורים חולים שייפגעו ממגעו של מישהו.

"זו הסיבה שאני מציין בפנייך ישירות את הפגמים שלך. אם לא תרפאי את האזורים הכאובים בנפשך, תתכווצי בכל פעם שמישהו ישפשף אותם."

❖ ❖ ❖

המאסטר אמר לקבוצת תלמידים:

"האל אירגן לנו את הביקור הזה בכדור הארץ, אך רובנו הופכים לאורחים בלתי רצויים על ידי המחשבה שדברים מסוימים כאן הם שלנו. בשכחת הטבע הזמני של שהותנו, אנו יוצרים היקשרויות שו־

נות: 'הבית שלי,' 'העבודה שלי,' 'הכסף שלי,' 'המשפחה שלי.'

"אך כשפג תוקף אשרת כדור הארץ שלנו, כל הקשרים האנושיים נעלמים. מאלצים אותנו להותיר מאחור את כל מה שחשבנו שהיה שלנו. האחד היחיד שמלווה אותנו לכל מקום הוא בן המשפחה הנצחי שלנו, אלוהים.

"הכירו *כעת* שאתם הנשמה ולא הגוף. למה לחכות למוות שילמד אתכם בגסות?"

❖ ❖ ❖

המאסטר מצא שזה הכרחי לנזוף באחד התלמידים על טעות חמורה. לאחר מכן הוא אמר באנחה:

"אני רוצה להשפיע על אחרים רק על ידי אהבה. אני פשוט נובל כאשר אני נאלץ לאמן אותם בדרכים אחרות."

❖ ❖ ❖

אינטלקטואל יהיר, שדן בבעיות פילוסופיות מסובכות, ניסה לבלבל את המאסטר. פרמאהנסאג'י אמר בחיוך:

"האמת לעולם אינה חוששת משאלות."

❖ ❖ ❖

"אני שקוע עמוק מדי בטעויות מכדי להתקדם רוחנית," תלמיד התוודה בעצב בפני פרמאהנסאג'י. "הרגליי הרעים כה חזקים שאני מותש ממאמציי להילחם בהם."

"האם מחר תצליח להילחם בהם יותר מאשר היום?" שאל המאסטר. "מדוע להוסיף את טעויות היום לטעויות של אתמול? אתה

צריך לפנות לאלוהים מתישהו, אז לא עדיף לעשות זאת עכשיו? פשוט מסור את עצמך אליו ואמור: 'אלוהים, שובב או טוב, אני הילד שלך. אתה חייב לטפל בי.' אם תמשיך לנסות, תשתפר. 'צדיק הוא חוטא שמעולם לא ויתר.'"

• • •

"בהיעדר אושר פנימי, אנשים פונים אל הרוע," אמר המאסטר. "מדיטציה על אלוהי האושר העילאי מחדירה בנו טוב."

• • •

"הגוף, המוח והנשמה קשורים זה בזה," אמר המאסטר. "יש לך חובה לגוף - לשמור עליו בריא; חובה למוח - לפתח את כוחותיו; וחובה לנשמה - מדיטציה יומית על מקור הווייתך. אם תמלא את חובתך לנשמה, גם הגוף והמוח ירוויחו; אך אם תזניח את הנשמה, בסופו של דבר גם הגוף והמוח יסבלו."

• • •

"לכל דבר בבריאה יש ייחודיות," אמר המאסטר. "האל לעולם אינו חוזר על עצמו. באופן דומה, בחיפושו האלוהי של האדם ישנם אינספור הבדלים בגישה ובביטוי. הרומן של כל חסיד עם אלוהים הוא ייחודי."

• • •

"האם ההכשרה שלך עוזרת לתלמידים להיות בשלום עם עצמם?" שאל מבקר. פרמאהנסאג'י ענה:

"כן, אך זה לא עיקר הלימוד שלי. הטוב ביותר הוא להיות בשלום עם אלוהים."

• • •

מבקר בהרמיטאז' הביע ספק לגבי הנצחיות של האדם. המאסטר אמר:

"נסה להכיר בכך שאתה מטייל אלוהי. אתה פה רק לזמן קצר ואז עוזב לעולם שונה ומרתק. אל תגביל את מחשבותייך לחיים קצרים יחידים ולאדמה אחת קטנה. זכור את הגודל העצום של הרוח האלוהית השוכנת בתוכך."

• • •

"האדם והטבע קשורים באופן בלתי ניתן להפרדה ומחוברים בגורל משותף," אמר המאסטר. "כוחות הטבע פועלים יחד כדי לשרת את האדם – השמש, האדמה, הרוח, הגשם עוזרים ליצירת המזון שלו. האדם מדריך את הטבע, אם כי בדרך כלל ללא ביודעין. שיטפונות, סופות טורנדו, רעידות אדמה וכל אסונות טבע אחרים הם תוצאה של מחשבות אנושיות שגויות רבות מאוד. כל פרח לשולי הדרך הוא ביטוי של חיוכו של מישהו, כל יתוש הוא התגלמות של דיבור עוקצני של מישהו.

"הטבע המשרת מורד והופך לבלתי ניתן לשליטה כאשר אדון הבריאה ישן. ככל שהוא יתעורר רוחנית, כך הוא יוכל לשלוט בטבע בקלות רבה יותר."

* ראה *עולם אסטראלי* במילון המונחים.

✦ ✦ ✦

"חלב ששופכים לתוך מים מתערבב איתם; אך חמאה, שמחבצים מחלב, צפה על פני המים," אמר המאסטר. "באופן דומה, החלב של המוח של אדם רגיל נמהל במהרה במים של האשליה*. האדם בעל השליטה העצמית הרוחנית מחבץ את חלב מוחו לחמאה של יציבות אלוהית. חופשי מרצונות והיקשרויות ארציים, הוא יכול לצוף בשלווה על מימי החיים הארציים, מכוון לעולם לאלוהים."

✦ ✦ ✦

כאשר תלמידה מסוימת חלתה, פרמאהנסאג'י יעץ לה לפנות לרופא. תלמיד שאל:
"מאסטר, למה *אתה* לא מרפא אותה?"
"אלה שקיבלו מאלוהים את כוח הריפוי משתמשים בו רק כאשר הוא מצווה זאת," השיב הגורו. "האל יודע שלפעמים זה הכרחי שיל־דיו יסבלו. אנשים הרוצים ריפוי אלוהי צריכים להיות מוכנים לחיות בהתאם לחוקי האלוהים. אף ריפוי קבע אינו אפשרי אם אדם ממשיך לעשות את אותן טעויות ובכך לזמן את החזרת המחלה.
"ריפוי אמיתי קורה רק דרך הבנה רוחנית," הוא המשיך. "הבו־רות של האדם לגבי טבעו האמיתי, או הנשמה, היא הגורם השורשי לכל הרעות האחרות – פיזיות, חומריות ונפשיות."

✦ ✦ ✦

"אדוני, נראה שאני לא מתקדם במדיטציות שלי. אני לא שומע

---

* ראה *מאיה* במילון המונחים.

ולא רואה דבר," אמר תלמיד. המאסטר השיב:

"חפש את אלוהים למענו. התפיסה הגבוהה ביותר היא לחוש אותו כאושר עילאי, העולה ממעמקיך האינסופיים. אל תשתוקק לחזיונות, תופעות רוחניות או חוויות מרתקות. הדרך אל האלוהי אינה קרקס!"

◆ ◆ ◆

"היקום כולו עשוי מרוח אלוהית," אמר המאסטר לקבוצת תלמידים. "כוכב, אבן, עץ ואדם כולם מורכבים באופן שווה מהמהות היחידה, אלוהים. כדי ליצור בריאה מגוונת, האל נאלץ להעניק לכל דבר *מראה* של ייחודיות.

"היינו מתעייפים במהרה מההצגה הארצית אם היינו רואים בקלות שרק ישות אחת מפיקה את ההצגה - כותבת את התסריט, מציירת את התפאורה, מביימת את השחקנים, משחקת את כל התפקידים. אך 'ההצגה חייבת להימשך'; לכן, המחזאי הרב-אומן יצר בקוסמוס מקוריות בלתי נתפסת ומגוון בלתי נדלה. לחוסר המציאות הוא העניק מראה מציאותי לכאורה."

"מאסטר, מדוע ההצגה חייבת להימשך?" שאל תלמיד.

"זהו ה*לילה* (lila) של אלוהים, משחק או ספורט," ענה הגורו. "יש לו את הזכות לחלק את עצמו לרבים, אם זו בחירתו. המטרה של כל זה היא שהאדם יראה מעבר לתכסיסים שלו. אם אלוהים לא כיסה את עצמו במעטה *המאיה*, לא היה יכול להיות משחק בריאה קוסמי. מותר לנו לשחק אתו מחבואים, בניסיון למצוא אותו ולזכות בפרס הגדול."

◆ ◆ ◆

לקבוצת תלמידים אמר המאסטר:

"אני יודע שאם לא היה לי כלום, בכולכם אני מחזיק בחברים שיעשו הכל למעני. ואתם יודעים שבי אתם מחזיקים בחבר שיעזור לכם בכל דרך. אנחנו מסתכלים על אלוהים אחד בשני. זוהי מערכת היחסים היפה ביותר."

❖ ❖ ❖

המאסטר בדרך כלל התעקש על דממה בקרב הסובבים אותו. הוא הסביר: "מעומקי הדממה צומח הגייזר של האושר האלוהי וזורם על ישותו של האדם."

❖ ❖ ❖

תלמידים ראו במתן שרות לגורו, שעמל ללא לאות לרווחתם, כז־כות. לקבוצת תלמידים שעשו עבורו עבודה מסוימת, אמר המאסטר:

"כולכם כל כך אדיבים אלי עם תשומת הלב הרבה שלכם."

"הו, לא! אתה הוא זה שאדיב כלפינו," קרא תלמיד.

"אלוהים עוזר לאלוהים," פרמאהנסאג'י אמר בחיוך מתוק. "זו 'עלילת' הדרמה שלו של חיי האדם."

❖ ❖ ❖

"הרוס כל תשוקה; היפטר מהאגו - כל זה נשמע לי מאוד שלילי, מאסטר," העיר תלמיד. "לנטוש כל כך הרבה, מה יישאר לי?"

"הכל, למעשה, מכיוון שתהיה עשיר ברוח האלוהית, המהות האוניברסלית," השיב המאסטר. "לא עוד קבצן מבולבל, המסתפק בקרום לחם ומספר נחמות גופניות, אתה תחזיר את מקומך הנשגב כבן האב הנצחי. זהו אינו מצב שלילי!"

הוא הוסיף, "גירוש האגו מאפשר לעצמי האמיתי לזרוח החוצה. הכרה אלוהית היא מצב שאי אפשר להסבירו, מכיוון ששום דבר אחר לא ניתן להשוות אליו."

◆ ◆ ◆

כשהסביר את השילוש הקדוש לקבוצת תלמידים, המאסטר הש־תמש בדימוי:

"ניתן לומר שאלוהים האב, השוכן בריק המרטט שמעבר לתופ־עות, הוא ההון ש'מגבה' את הבריאה. הבן, או ההכרה המשיחית האינ־טליגנטית החודרת לבריאה, הוא ההנהלה. ורוח הקודש, או הכוח המ־רטט האלוהי הנסתר שיוצר את כל הצורות בקוסמוס, הוא הפועלים."*

◆ ◆ ◆

"מאסטר, לימדת אותנו לא להתפלל לדברים אלא לרצות רק שאלוהים יגלה את עצמו לנו. האם לעולם אין לבקש ממנו למלא חוסר כלשהו?" שאל תלמיד.

"זה אינו דבר רע להגיד לאל שאנו רוצים משהו," פרמאהנסאג'י ענה, "אך אנו מראים אמונה גדולה יותר אם אנו פשוט אומרים: 'אבא שבשמיים, אני יודע שאתה צופה מראש כל צורך שלי. קיים אותי על פי רצונך.'

"אם אדם מאוד רוצה רכב, למשל, ומתפלל למען זה בעוצמה מספקת, הוא יקבל אותו. אבל בעלות על רכב אולי אינה הדבר הטוב ביותר בשבילו. לפעמים האל מסרב לתפילות הקטנות שלנו מכיוון שהוא מתכוון להעניק לנו מתנה שווה יותר." הוא הוסיף, "בטח יותר

---

* ראה *סאט-טאט-אום* במילון המונחים.

באלוהים. תאמין שמי שברא אותך יקיים אותך."

❖ ❖ ❖

תלמיד שהרגיש שהוא נכשל במבחן רוחני קשה גידף את עצמו. המאסטר אמר:

"אל תחשוב על עצמך כחוטא. לעשות זאת זה חילול הצלם האלוהי שבתוכך. מדוע לזהות את עצמך עם חולשותיך? במקום, אשר את האמת: *אני ילד של אלוהים*. התפלל אליו: 'שובב או טוב, אני שלך. הער בי מחדש את זכרוני עליך, הו אבא שבשמיים!'"

❖ ❖ ❖

"לעיתים קרובות אני חושב שאלוהים שוכח מהאדם," אמר מבקר בהרמיטאז' באנסיניטאס*. "האל בהחלט שומר מרחק."

"זהו האדם ששומר מרחק," ענה המאסטר. "מי מחפש את אלוהים? המקדשים המנטליים של רוב האנשים מלאים באלילים של מחשבות חסרות מנוחה ותשוקות; מתעלמים מהאל. ולמרות זאת, מדי פעם הוא שולח את בניו המוארים להזכיר לאדם את מורשתו האלוהית.

"אלוהים לעולם לא נוטש אותנו. בדממה הוא פועל בכל דרך לע־זור לילדיו האהובים ולהאיץ את התפתחותם הרוחנית."

❖ ❖ ❖

---

* אנסיניטאס היא עיר חוף בדרום קליפורניה. שם נמצא מרכז אשרם של SRF שיוגאננדאג'י הקים בשנת 1937.

לתלמיד צעיר שביקש את עצתו, אמר המאסטר:
"העולם יוצר בך הרגלים רעים, אך העולם לא ייקח אחריות על הטעויות שלך הנובעות מאותם הרגלים. לכן, למה לתת את כל זמנך לחבר שקרי - העולם? הקדש שעה ביום לחקירת נשמה מדעית. האם אין האל - נותן חייך, משפחתך, כספך וכל השאר - ראוי לחלק אחד מעשרים וארבע של זמנך?"

◆ ◆ ◆

"אדוני, מדוע אנשים מסוימים לועגים לקדושים?" שאל תלמיד. המאסטר ענה:
"עושי רשע שונאים את האמת, ואנשי העולם שבעי רצון מהע־ליות והמורדות של החיים. שניהם לא רוצים להשתנות; לכן, המחשבה על קדוש גורמת להם לאי נוחות. אפשר להשוות אותם לאדם שחי שנים רבות בחדר חשוך. מישהו בא ומדליק את האור. לאדם העיוור למחצה הזוהר הפתאומי מרגיש לא טבעי."

◆ ◆ ◆

כשדיבר יום אחד על גזענות, אמר המאסטר: "אלוהים אינו מרו־צה כשמעליבים אותו כאשר הוא לובש את חליפותיו הכהות."

◆ ◆ ◆

"אל לנו להיבהל מסיוטים של כאב ולא להתרומם יתר על המי־דה מחלומות של חוויות יפות," אמר המאסטר. "על ידי הרהורים על הניגודים הבלתי נמנעים או 'זוגות ההפכים' של *המאיה*, אנו מאבדים את המחשבה על אלוהים, משכן האושר העילאי הבלתי משתנה. כש־

נתעורר בו, נכיר שחיי תמותה הם רק תמונה העשויה מצללים ואור, המוקרנת על מסך הסרט הקוסמי."

❖ ❖ ❖

"למרות שאני מנסה להרגיע את המוח שלי, חסר לי הכוח לגרש מחשבות חסרות מנוחה ולחדור לעולם שבפנים," העיר מבקר. כנראה חסרה לי מסירות."

"לשבת בשקט ולנסות להרגיש מסירות עשוי לעתים קרובות שלא להביא אותך לשום מקום," אמר המאסטר. "זו הסיבה שאני מלמד טכניקות מדעיות של מדיטציה. תרגל אותן ותצליח לנתק את מוחך מהסחות דעת חושיות ומזרימת המחשבות הבלתי פוסקת."

הוא הוסיף, "על ידי *קריה יוגה** התודעה של האדם פועלת במישור גבוה יותר; מסירות לרוח הנצחית מתעוררת אז באופן ספונטני בלב האדם."

❖ ❖ ❖

שרי יוגאננדאג'י תיאר את מצב "חוסר העשייה" המוזכר בבהגווד גיטה** כך:

"כאשר יוגי אמיתי מבצע פעולה, מבחינה קארמתית זה כמו לכתוב על מים – לא נשאר סימן."***

* ראה מילון מונחים.

** ראה מילון מונחים.

*** כלומר, לא נשמר תיעוד קארמתי. רק מאסטר הוא אדם חופשי – אחד שאינו קשור לקארמה (החוק הקוסמי הבלתי נמנע שמחייב אנשים לא מוארים להיות אחראיים על מחשבותיהם ומעשיהם). בדחיקתו את ארג'ונה להילחם בשדה הקרב, האל קרישנה הבטיח לו שהוא לא יספוג קארמה אם הוא יפעל כסוכן של

❖ ❖ ❖

תלמיד התקשה להבין שאלוהים שוכן בתוך בשרו של האדם. המאסטר אמר:

"כשם שגחלים זוהרות באדום חושפות את נוכחות האש, כך המנגנון המופלא של הגוף חושף את הנוכחות הסיבתית של הרוח האלוהית."

❖ ❖ ❖

"יש אנשים החושבים שאם חסיד לא עובר ניסיונות גדולים, הוא אינו קדוש. אחרים טוענים שאדם בעל הכרה אלוהית אמור להיות חופשי מכל סבל," אמר המאסטר במהלך הרצאה.

"חייו של כל מאסטר הולכים אחר דפוס מסוים בלתי נראה. הקדוש פרנציסקוס סבל ממחלות; ישו המשוחרר לחלוטין הרשה שיצליבו אותו. אישים גדולים אחרים, כגון הקדוש תומאס אקווינס ולאהירי מהאסיה,* עברו את ימיהם ללא לחץ נוראי או טרגדיה.

"קדושים זוכים לאמנציפציה סופית מרקעים שונים בתכלית. קדושים אמיתיים מוכיחים שהם מסוגלים לשקף את צלם האלוהים שבתוכם ללא קשר לתנאים חיצוניים. הם ממלאים כל תפקיד שאלוהים מכתיב, בין אם הוא תואם את דעת הקהל ובין אם לאו."

❖ ❖ ❖

דייר צעיר בהרמיטאז'* אהב לעשות מעשי קונדס. החיים עבו

אלוהים, ללא תודעה אגואיסטית.
* ראה מילון מונחים.

רו היו קומדיה מתמשכת. העליזות שלו, שהייתה מבורכת לעיתים, מנעה מידי פעם מתלמידים אחרים לשמור בשלווה את תודעתם על אלוהים. יום אחד פרמאהנסאג׳י נזף בעדינות בילד.

"אתה צריך ללמוד להיות יותר רציני," הוא ציין.

"כן, מאסטר," ענה התלמיד, והתחרט בכנות על חוסר השקט שלו. "אבל ההרגל שלי כל כך חזק! איך אני יכול להשתנות ללא ברכתך?"

"ברכתי פה. ברכתו של אלוהים פה. נדרשת רק ברכתך!"

❖ ❖ ❖

"אלוהים מבין אותך כשכל האחרים לא מבינים אותך," אמר המאסטר. "הוא המאהב שמוקיר אותך תמיד, לא משנה מה הטעויות שלך. אחרים נותנים לך את חיבתם לזמן מה ואז נוטשים אותך, אך הוא לעולם לא נוטש אותך.

"באינספור דרכים אלוהים מחפש מדי יום את אהבתך. הוא לא מעניש אותך אם אתה מסרב לו, אבל אתה מעניש את עצמך. אתה מגלה ש׳הכל יבגוד בך, הבוגד בי בגוד.׳"*

❖ ❖ ❖

"אדוני, האם אתה מאשר טקסי כנסייה?" שאל תלמיד. השיב המאסטר:

"טקסים דתיים עשויים לעזור לאדם לחשוב על אלוהים, בוראו הנצחי. אך אם יש יותר מידי טקסיות, כולם שוכחים על מה מדובר."

* *כלבא דשמיא*, מאת פרנסיס תומפסון.

◆ ◆ ◆

"מה זה אלוהים?" שאל תלמיד.

"אלוהים הוא אושר עילאי נצחי," השיב המאסטר. "הווייתו היא אהבה, חוכמה ואושר. הוא לא-אישי וגם אישי, ומתגלם בכל דרך שירצה. הוא מופיע לפני קדושיו בצורה היקרה לכל אחד מהם: נוצרי יראה את ישו, הינדי יראה את קרישנה* או את האם האלוהית**, וכן הלאה. חסידים שהסגידה שלהם היא בעלת אופן לא-אישי נעשים מודעים לאלוהים כאור אינסופי או כצליל המופלא של *האום****, המילה הראשונית, רוח הקודש. החוויה הגבוהה ביותר שאדם יכול לחוות היא להרגיש את האושר העילאי שבתוכו כל היבט אחר של האלוהי - אהבה, חוכמה, נצחיות - כלול במלואו.

"אך איך אוכל להעביר לך במילים את טבעו של אלוהים? הוא בלתי ניתן לתיאור. רק במדיטציה עמוקה תכיר את מהותו הייחודית."

◆ ◆ ◆

לאחר שיחה עם מבקר אנוכי, העיר המאסטר:

"גשמי רחמי האל אינם יכולים להתאסף על פסגות הרים של גאווה, אלא זורמים בקלות לעמקים של ענווה."

◆ ◆ ◆

בכל פעם שהמאסטר ראה תלמיד מסוים, שהיה ללא ספק הטי-

* ראה מילון מונחים.

** ראה מילון מונחים.

*** ראה מילון מונחים.

פוס האינטלקטואלי, הגורו היה אומר לו:

"השג מסירות! זכור את דברי ישו: 'אבי אדון השמים והארץ כי הסתרת את אלה מן החכמים והנבונים וגליתם לעוללים.'"*

התלמיד ביקר את המאסטר ברטריט שלו במדבר זמן קצר לפני חג המולד בשנת 1951. על שולחן אחד היו מונחים מספר צעצועים שיועדו למתנות. ברוח ילדית, פרמאהנסאג'י שיחק איתם זמן מה, ואז שאל את האיש הצעיר: "הם מוצאים חן בעיניך?"

התלמיד, שניסה להתגבר על הפתעתו, צחק ואמר: "הם בסדר, אדוני." המאסטר חייך וציטט:

"'הניחו לילדים לבוא אלי ואל תמנעום כי לאלה מלכות האלוהים.'"**

◆ ◆ ◆

תלמיד נטל ספק ביכולת הדביקות הרוחנית שלו. כדי לעודד אותו, אמר פרמאהנסאג'י:

"האל אינו מרוחק, אלא קרוב. אני רואה אותו בכל מקום."

"אבל, אדוני, אתה מאסטר!" מחה האיש.

"כל הנשמות שוות," השיב הגורו. "ההבדל היחיד בינך לביני הוא שאני התאמצתי. היראתי לאלוהים שאני אוהב אותו, והוא בא אלי. אהבה היא המגנט שממנו אלוהים לא יכול לברוח."

◆ ◆ ◆

"מכיוון שאתה קורא לבית התפילה שלך בהוליווד 'כנסיית כל

* הבשורה על פי מתי יא:25.

** הבשורה על פי לוקס יח:16.

הדתות', מדוע אתה שם דגש מיוחד על הנצרות?" שאל מבקר.

"זו משאלתו של באבאג'י* שאעשה זאת," אמר המאסטר. "הוא ביקש ממני לפרש את הברית החדשה ואת התורה ההינדית (הבהג־וד גיטה), כדי להצביע על האחדות הבסיסית בין הכתבים הנוצרים והוודים.** הוא שלח אותי למערב כדי למלא את המשימה הזו."

❖ ❖ ❖

"חטא," אמר המאסטר, "הוא כל דבר שגורם לאדם להתעלם מאלוהים."

❖ ❖ ❖

"מאסטר, כיצד ישו יכול היה להפוך מים ליין?" שאל תלמיד. שרי יוגאננדה השיב:

"היקום הוא תוצאה של משחק של אור - רטטים של אנרגיית חיים. הסרטים של הבריאה, כמו סצנות על מסך קולנוע, מוקרנים ונ־ראים דרך אלומות אור. ישו תפס את המהות הקוסמית כאור; בעיניו לא היה הבדל מהותי בין קרני האור המרכיבות מים לבין קרני האור המרכיבות יין. כמו אלוהים בתחילת הבריאה,*** ישו היה מסוגל לצוות על רטטי אנרגיית החיים ללבוש צורות שונות.

"כל האנשים שעוברים את העולמות האשלייתיים של יחסיות ודואליות נכנסים לעולם האמיתי של אחדות. הם הופכים לאחד עם היודע-כל, כפי שישו אמר: 'המאמין בי (מי שמכיר את ההכרה המ־

* ראה מילון מונחים.

** ראה *וודות* במילון המונחים.

*** "ויאמר אלוהים יהי אור ויהי אור." (בראשית א:3).

שיחית) יעשה גם הוא את המעשים אשר אנוכי עושה וגדולות מאלה יעשה כי אני הולך אל-אבי (מכיוון שאני חוזר במהרה לגבוה ביותר – למוחלט חסר הרטט שמעבר לבריאה, מעבר לתופעות)."'*

❖ ❖ ❖

"אתה לא מאמין בנישואים, מאסטר?" שאל תלמיד. "אתה מדבר לעתים תכופות כאילו שאתה נגד." פרמאהנסאג'י השיב:

"נישואים אינם הכרחיים ומהווים מכשול עבור אלו, הפורשים בליבם, המחפשים בדבקות את אלוהים, המאהב הנצחי. אך במקרים רגילים אני לא נגד נישואים אמיתיים. שני אנשים המאחדים את חייהם כדי לעזור זה לזה לקראת הכרה אלוהית מבססים את נישואיהם על היסודות הנכונים: חברות ללא-תנאי. אישה מונעת בעיקר על ידי רגש, וגבר על ידי הגיון; נישואים נועדו לאזן את הסגולות הללו.

"כיום אין הרבה איחודי נשמה אמיתיים, מכיוון שאנשים צעירים מקבלים הדרכה רוחנית מועטה.

"לא בשלים ולא יציבים רגשית, הם בדרך כלל מושפעים ממשיכה מינית חולפת או משיקולים חומריים המתעלמים מהמטרה האצילית של נישואים." הוא הוסיף, "אני אומר לעיתים קרובות: 'תחילה תתבסס באופן בלתי הפיך בדרך האלוהית; אז אם תתחתן, לא תטעה!'"

❖ ❖ ❖

"האם האל לא מעניק את חסדו בשפע גדול יותר על אנשים מסוימים?" שאל תלמיד. ענה פרמאהנסאג'י:

---

* הבשורה על פי יוחנן יד:12. ראה *סאט-טאט-אום* במילון המונחים.

"אלוהים בוחר במי שבוחר בו."

❖ ❖ ❖

שתי גברות נהגו להשאיר את הרכב שלהן פתוח כשהן חנו. אמר להן המאסטר: "נקטו באמצעי זהירות נאותים. נעלו את המכונית שלכן."

"היכן האמונה שלך באלוהים?" הן ענו.

"יש לי אמונה," ענה פרמאהנסאג'י. "זה לא אומר שאננות."

אך הן המשיכו לא לנעול את הרכב שלהן. יום אחד, כאשר השאירו חפצים יקרי ערך רבים על המושב האחורי, גנבים גנבו אותם.

"מדוע לצפות מאלוהים שיגן עליכן אם אתן מתעלמות מחוקי ההיגיון והזהירות שלו?" אמר המאסטר. "שתהיה לכן אמונה, אבל היו מעשיות ואל תפתו אחרים."

❖ ❖ ❖

חלק מהתלמידים, שנקלעו למערבולת של פעילות, הזניחו את המדיטציה* שלהם. המאסטר הזהיר אותם:

"אל תאמרו: 'מחר אעשה מדיטציה ארוכה יותר.' לפתע תגלו שחלפה שנה ללא הגשמת כוונותיכם הטובות. במקום זאת, אמרו: 'זה יכול לחכות וזה יכול לחכות, אבל החיפוש שלי אחר אלוהים לא יכול לחכות.'"

❖ ❖ ❖

* ראה *קריה יוגה* במילון המונחים.

"אדוני," אמר תלמיד, "מדוע נדמה שמאסטרים מסוימים יוד־עים יותר ממאסטרים אחרים?"
"כל מי שמשוחרר לחלוטין שווה במידת החוכמה," השיב פרמאהנסאג'י. "הם מבינים הכל, אך לעיתים רחוקות חושפים את הידע הזה. כדי לרצות את אלוהים הם משחקים את התפקיד שהוא הקצה להם. אם נראה שהם שוגים, זה מפני שהתנהלות שכזו היא חלק מתפקידם האנושי. בפנים הם אינם מושפעים מהניגודים והיחסיות של *המאיה*."

❖ ❖ ❖

"אני מתקשה לשמור על החברויות שייצרתי," התוודה תלמיד.
"בחר את החברה שלך בקפידה," אמר פרמאהנסאג'י. "היה אדיב וכנה, אך תמיד שמור על מידה מסוימת של ריחוק ויראת כבוד. לעולם אל תהיה חופשי מדי עם אנשים. קל ליצור חברויות, אך כדי לשמר חברים עליך לפעול על פי הכלל הזה."

❖ ❖ ❖

"מאסטר," אמר תלמיד, "האם נשמה יכולה להיות אבודה לנצח?" ענה הגורו:
"זה בלתי אפשרי. כל נשמה היא חלק מאלוהים ולכן אינה יכולה להתכלות."

❖ ❖ ❖

"לחסיד בדרך הנכונה, ההתפתחות הרוחנית היא טבעית ואינה מובחנת בדיוק כמו נשימתו," אמר המאסטר. "ברגע שהאדם מעניק

את ליבו לאלוהים, הוא נהיה כה שקוע באלוהים עד שהוא כמעט ואינו שם לב שהוא פתר את כל בעיות החיים. אחרים מתחילים לקרוא לו 'גורו'. בתדהמה הוא חושב:

"'מה! האם החוטא הזה הפך לקדוש? אלוהים, מי ייתן ודמותך תהיה כה בהירה על פניי שאיש לא יראה *אותי*, אלא רק *אותך*!'"

◆ ◆ ◆

תלמיד מסוים עסק כל הזמן בבדיקה עצמית למציאת סימנים להתפתחות רוחנית. אמר לו המאסטר:

"אם אתה שותל זרע וחופר אותו מדי יום כדי לראות אם הוא צומח, הוא לעולם לא יכה שורשים. טפל בו כראוי, אבל אל תהיה סקרן!"

◆ ◆ ◆

"איזה אדם מוזר הוא ג'!" מספר תלמידים דנו על המוזרויות של אנשים שונים. אמר המאסטר:

מדוע אתם מופתעים? העולם הזה הוא רק גן החיות של אלוהים."

◆ ◆ ◆

"האם התורה שלך לגבי שליטה ברגשות אינה מסוכנת?" שאל תלמיד. "פסיכולוגים רבים טוענים שדיכוי מוביל לחוסר הסתגלות נפשית ואפילו למחלות גופניות."

ענה המאסטר:

"דיכוי מזיק - להחזיק במחשבה שאתה רוצה משהו אבל לא עושה דבר בונה כדי להשיג אותו. שליטה עצמית מועילה - להחליף בסבלנות מחשבות שגויות בנכונות ופעולות מזיקות במועילות.

"אלה המרבים להרהר ברוע פוגעים בעצמם. אנשים הממלאים את מוחם בחוכמה ואת חייהם בפעילויות בונות חוסכים מעצמם סבל מיותר."

❖ ❖ ❖

"אלוהים מנסה אותנו בכל הדרכים," אמר המאסטר. "הוא חושף את חולשותינו כדי שנוכל להיות מודעים להן ולהפוך אותן לחוזקות. הוא עשוי לשלוח לנו ניסיונות שנראים קשים מנשוא; לפעמים נראה שהוא כמעט הודף אותנו ממנו. אך החסיד החכם יאמר:

"'לא, אלוהים, אני רוצה אותך. שום דבר לא ירתיע אותי בחיפושי. תפילת ליבי היא: לעולם אל תעמיד אותי במבחן של שכחת נוכחותך.'"

❖ ❖ ❖

"אדוני, האם אי פעם אעזוב את הדרך הרוחנית?" שאל תלמיד מלא ספקות. ענה המאסטר:
"איך תוכל? כולם בעולם נמצאים בדרך הרוחנית."

❖ ❖ ❖

"אדוני, תן לי את חסד המסירות," ביקש תלמיד בתחינה.
"למעשה, אתה אומר: 'תן לי כסף, כדי שאוכל לקנות מה שארצה,'" השיב המאסטר. "אבל אני אומר: 'לא, קודם כל עליך *להרוויח* את הכסף. אז תוכל להנות בצדק ממה שאתה קונה.'"

❖ ❖ ❖

כדי לעזור לתלמיד מיואש, המאסטר סיפר על החוויה הזו:
"יום אחד ראיתי ערמת חול גדולה שעליה זחלה נמלה זעירה. אמרתי, 'הנמלה בטח חושבת שהיא מטפסת על הרי ההימלאיה!' הערמה אולי נראתה ענקית לנמלה, אבל לא לי. באופן דומה, מיליון שנות שמש שלנו עשויות להיות פחות מדקה במוחו של אלוהים. עלינו לאמן את עצמנו לחשוב במונחים גדולים: נצח! אינסוף!"

❖ ❖ ❖

יוגאננדאג'י וקבוצת תלמידים עשו את אימוני הערב שלהם על המדשאה בהרמיטאז' באנסיניטאס. אחד מהגברים הצעירים שאל על קדוש מסוים שאת שמו לא ידע.
"אדוני," הוא אמר, "זה היה המאסטר שהופיע לפניך כאן לפני מספר חודשים."
"איני זוכר," השיב פרמאהנסאג'י.
"זה היה בחוץ, בגינה האחורית, אדוני."
"רבים מבקרים אותי שם; אני רואה חלק שהמשיכו הלאה וחלק שעדיין על פני האדמה."
"כמה נפלא, אדוני!"
"בכל מקום שבו נמצא חסיד של אלוהים, לשם קדושיו באים."
הגורו עצר לדקה או שתיים בזמן שעשה מספר תרגילים. אז אמר:
"אתמול, בזמן שעשיתי מדיטציה בחדרי, רציתי לדעת דברים מסוימים על חייו של מאסטר גדול מימי קדם. הוא הופיע לפניי. ישבנו על מיטתי זמן רב, זה לצד זה, אוחזים ידיים."
"אדוני, הוא סיפר לך על חייו?"
"ובכן," ענה פרמאהנסאג'י, "בחילופי הרטטים קיבלתי את התמונה כולה."

❖ ❖ ❖

כדי שנזירים מהמסדר של Self-Realization* יעמדו על המשמר מפני שאננות רוחנית, אמר להם המאסטר:

"לאחר שמישהו הגיע לנירוויקלפה סמאדהי** הוא לעולם לא ייפול שוב לאשליה. אך עד שהוא משיג את המצב הזה, הוא אינו בטוח.

"תלמיד של מאסטר הינדי מפורסם היה נשמה כה גדולה עד שהגורו שלו נהג להשתמש בו כדוגמא לחיקוי לאחרים. יום אחד ציין התלמיד שהוא עוזר לאישה אדוקה בכך שהוא עושה איתה מדיטציה.

"הגורו אמר בשקט, 'סאדהו***, היזהר!'

"מספר שבועות לאחר מכן נבטו מספר זרעים של קארמה רעה בחייו של התלמיד; הוא ברח עם האישה. אך הוא חזר במהרה לגורו שלו ובכה, 'אני כל כך מצטער!' הוא לא הרשה לטעות להפוך למרכז חייו, אלא הניח את כל הטעויות מאחוריו והכפיל את מאמציו להכרה עצמית מלאה.

"מסיפור זה אתם יכולים לראות שזה אפשרי אפילו לחסיד גדול לשקוע זמנית באשליה. לעולם אל תשחררו את ההשגחה שלכם עד שתתבססו ביופי הסופי."

❖ ❖ ❖

"מדע החומר הוא יותר תאורטי מדת אמיתית," אמר המאסטר. "המדע מסוגל לחקור, למשל, את הטבע החיצוני והתנהגות האטום. אך תרגול המדיטציה מעניק נוכחות בכל מקום; היוגי יכול להפוך

---

* ראה מילון מונחים.
** ראה מילון מונחים.
*** ראה מילון מונחים.

לאחד עם האטום."

❖ ❖ ❖

תלמיד תובעני מסוים הרבה לבוא במפתיע למרכז בהר וושינג־טון, ולהתקשר שיחות גוביינא רבות למאסטר. "הוא אדם משונה," העיר פעם פרמאהנסאג'י. "אך ליבו עם אלוהים. למרות המגרעות שלו, הוא יגיע למטרה שלו, מכיוון שהוא לא יניח לאלוהים עד שי־צליח!"

❖ ❖ ❖

כשהמאסטר הגיע לראשונה לאמריקה הוא לבש לבוש הודי ושי־ערו היה ארוך על כתפיו. מישהו, מוקסם ממה שנראה לו מחזה מוזר, שאל: "האם אתה מגיד עתידות?" פרמאהנסאג'י השיב:
"לא, אני מספר לאנשים איך לתקן את עתידם."

❖ ❖ ❖

יום אחד המאסטר סיפר לתלמידים על קדוש שנפל מהדרך הנ־עלה ביותר בכך שהציג כוחות מופלאים בפומבי. "הוא הבין במהרה את טעותו," אמר פרמאהנסאג'י, "וחזר אל תלמידיו. בסוף חייו הוא היה משוחרר לחלוטין."

"אדוני, איך הוא עלה שוב כל כך מהר?" שאל תלמיד. "האם העונש הקארמתי לא מחמיר יותר עם אדם שנופל ממצב של התפת־

---

* המטה העולמי של Self-Realization Fellowship בלוס אנג׳לס, קליפורניה. ראה מילון מונחים.

חות גבוהה מאשר עם אדם רגיל שפועל בשגגה מתוך בורות גרידה? זה מוזר שהקדוש ההודי לא היה צריך לחכות זמן רב לשחרור הסופי."

בחיוך הניד המאסטר בראשו. "אלוהים אינו עריץ," הוא אמר. "אם אדם רגיל לדיאטה של מעדני גן עדן, הוא יהיה לא מרוצה מלא־כול גבינה מעופשת. אם הוא יבכה בשיברון לב שוב למעדן גן עדן, אלוהים לא יסרב לו."

◆◆◆

חבר חשב שזה לא ראוי ל- Self-Realization Fellowship לפרסם. המאסטר אמר:

"'ריגלי' משתמש בפרסומות כדי לגרום לאנשים ללעוס מס־טיק. למה שאני לא אשתמש בפרסומות כדי לגרום לאנשים 'ללעוס' רעיונות טובים?"

◆◆◆

בשיח על כמה מהר ניתן להשתחרר בחסדי אלוהים מאשליית *המאיה*, אמר המאסטר:

"בעולם הזה נראה שאנו שקועים בים של צרות. אז באה האם האלוהית ומנערת אותנו, מעירה אותנו מהחלום הנורא הזה. כל אדם, במוקדם או במאוחר, יחווה את החוויה המשחררת הזו."

◆◆◆

תלמיד התלבט בין דרך הפרישה לקריירה שבה חשק כבר זמן רב. אמר המאסטר ברכות:

"כל ההגשמות שאתה מחפש, ועוד הרבה יותר, ממתינות לך בא־

לוהים."

❖ ❖ ❖

לתלמיד שנראה שרוי ללא תקנה בהרגלים רעים, הציע המאסטר:
"אם חסר לך כוח רצון, נסה לפתח כוח 'לא'."

❖ ❖ ❖

"איזו אחריות אדם לוקח על עצמו כשהוא מנסה לשפר אחרים!" קרא המאסטר. "הוורד באגרטל נראה יפה; שוכחים את כל עבודת הגינון שעזרה להפוך אותו ליפה. ואם צריך להתאמץ כדי לקבל ורד יפה, כמה עוד מאמץ נדרש כדי לייצר בנאדם מושלם!"

❖ ❖ ❖

"אל תתערבב עם אחרים יתר על המידה," אמר המאסטר. "חב־רויות אינן מספקות אותנו אלא אם הן מושרשות באהבה משותפת לאלוהים.

"הרצון האנושי שלנו להבנה אוהבת מאחרים הוא למעשה רצון הנשמה לאחדות עם אלוהים. ככל שאנו מנסים לספק את הרצון הזה כלפי חוץ, כך נהיה פחות סבורים למצוא את השותף האלוהי."

❖ ❖ ❖

"ישנם שלושה סוגים של חסידים," אמר המאסטר. "מאמינים שהולכים לכנסייה ומרוצים; מאמינים שחיים חיים ישרים אך אינם מתאמצים להגיע לאחדות עם אלוהים; ומאמינים אשר *נחושים* לג־

לות את זהותם האמיתית."

* * *

כשהתבקש להגדיר הכרה עצמית, המאסטר אמר:
"הכרה עצמית היא הידיעה – בגוף, במוח ובנשמה – שאנחנו אחד עם נוכחותו השוררת בכל מקום של אלוהים; שאנחנו לא צריכים להתפלל שזה יבוא אלינו, שאנחנו לא רק קרובים לזה כל הזמן, אלא שהנוכחות השוררת בכל מקום של אלוהים היא הנוכחות השוררת בכל מקום שלנו; שאנחנו חלק ממנו עכשיו בדיוק כמו שתמיד נהיה. כל שעלינו לעשות הוא לשפר את הידיעה שלנו."

* * *

"אלוהים מספק במהירות כל צורך של החסידים שלו, מכיוון שהם הסירו את הזרמים הצולבים המסכלים של האגו," אמר המאסטר.

* * *

"בימיו הראשונים של המרכז בהר וושינגטון, הגיע מועד תשלום המשכנתא; אבל לא היה לנו כסף בבנק. התפללתי עמוקות ואמרתי לאלוהים: 'הרווחה של הארגון בידיים שלך.' האם האלוהית הופיעה לפני. היא אמרה באנגלית:

"'אני המניות ואגרות החוב שלך; אני הביטחון שלך.'
"מספר ימים לאחר מכן קבלתי בדואר תרומה גדולה עבור המרכז."

* * *

אחד התלמידים היה נאמן ומהיר במילוי כל משימה שהמאסטר נתן לו, אך עבור אחרים הוא לא היה עושה דבר. כדרך לתקן אותו, המאסטר אמר:

"עליך לשרת אחרים כמו שאתה משרת אותי. זכור, אלוהים שוכן בכל. אל תזניח אף הזדמנות לרצות אותו."

❖ ❖ ❖

"המוות מלמד אותנו לא להסתמך על הבשר אלא על אלוהים. לכן המוות הוא חבר," אמר המאסטר. "אל לנו להתאבל יתר על המידה על פטירתם של יקירינו. זה אנוכי לרצות שהם תמיד יישארו לידנו להנאתנו ונוחיותנו. במקום זאת, שמחו שהם זומנו להתקדם לעבר חירות נשמתית בסביבה החדשה והטובה יותר של העולם האסטראלי.*

"צער הפרידה גורם לרוב האנשים לבכות לזמן מה; ואז הם שוכחים. אך החכמים מרגישים מחויבים לחפש את יקיריהם הנעלמים בלבו של הנצח. מה שהחסידים מאבדים בחיים הסופיים, הם מוצאים שוב באינסוף."

❖ ❖ ❖

"מהי התפילה הטובה ביותר?" שאל תלמיד. המאסטר השיב:

"אמור לאל: 'בבקשה הגד לי את רצונך.' אל תגיד: 'אני רוצה את זה ואני רוצה את זה,' אלא האמן שהוא יודע מה אתה צריך. אתה תראה שאתה מקבל דברים הרבה יותר טובים כשהוא בוחר בשבילך."

* ראה מילון מונחים.

❖ ❖ ❖

המאסטר הרבה לבקש מהתלמידים לקחת אחריות על עניינים פחותים שונים. כשאחת מהם הזניחה מטלה קטנה שכזו, בעודה חושבת שזה לא חשוב, פרמאהנסאג'י נזף בה ברכות. הוא אמר:
"נאמנות במילוי חובות קטנים נותנת לנו את הכוח לדבוק בהחלטות קשות שהחיים יום אחד יאלצו אותנו לקחת."

❖ ❖ ❖

המאסטר, בפרפרזה על הערה של שרי יוקטשוואר,* אמר לתלמיד חדש:
"יש אנשים המאמינים שכניסה ל'הרמיטאז' למען משמעת עצמית זו סיבה לצער, כמו לוויה. במקום זאת, זה עשוי להיות הלוויה של כל הצער!"

❖ ❖ ❖

"זה טיפשי לצפות לאושר אמיתי מהיקשרויות ורכוש ארצי, מכיוון שאין להם את היכולת להעניק זאת," אמר המאסטר. "ובכל זאת, מיליוני אנשים מתים מלבבות שבורים לאחר שניסו לשווא למצוא בחיים הארציים את הסיפוק שקיים רק באלוהים, מקור כל האושר."

❖ ❖ ❖

* *אוטוביוגרפיה של יוגי*, פרק 12.

בהסברו מדוע מעטים האנשים המבינים את האל האינסופי, אמר המאסטר:

"כפי שכוס קטנה אינה יכולה להיות כלי קיבול למים העצומים של האוקיינוס, כך המוח האנושי המוגבל אינו יכול להכיל את ההכרה המשיחית האוניברסלית. אך כאשר, על ידי מדיטציה, אדם ממשיך להרחיב את מוחו, לבסוף הוא משיג ידיעת הכל. הוא מתאחד עם החוכמה האלוהית שחודרת לאטומי הבריאה.

"יוחנן הקדוש אמר: 'והמקבלים אותו נתן עוז למו להיות בנים לאלוהים המאמינים בשמו.'* ב'מקבלים אותו,' יוחנן הקדוש התכוון לאותם אנשים אשר הפכו את יכולת קליטת האינסוף שלהם למושל־מת; רק אלו מקבלים חזרה את מעמדם כ'בנים לאלוהים.' הם, 'מאמינים בשמו' על ידי השגת אחדות עם ההכרה המשיחית."

❖ ❖ ❖

תלמיד אשר גר פעם בהרמיטאז' חזר יום אחד ואמר בעצב למאסטר:

"למה בכלל עזבתי?"

"האם זה לא גן עדן, בהשוואה לעולם החיצוני?" שאל פרמאהנסאג'י.

"זה בהחלט כן!" השיב הצעיר, והתייפח כה ארוכות עד שהמאסטר בכה אתו באהדה.

❖ ❖ ❖

אחות ממסדר Self-Realization התלוננה על חוסר מסירות.

* הבשורה על פי יוחנן א:12.

"זה לא שאני לא רוצה לדעת את אלוהים," היא אמרה, "אבל נראה שאני לא מסוגלת לכוון אליו אהבה. מה צריך לעשות, מי שכמוני חווה מצב של 'יובש'?"

"אל לך להתרכז במחשבה שחסרה לך מסירות, אלא עליך לעבוד כדי לפתח אותה," ענה המאסטר. "מדוע להיות עצובה שאלוהים לא התגלה בפניך עדיין? תחשבי על הזמן הממושך שאת התעלמת ממנו!

"עשי עוד מדיטציה; היכנסי עמוקות; ופעלי על פי כללי ההרמי־טאז'. על ידי שינוי הרגלייך את תעירי בליבך את זכר הווייתו המופ־לאה; וביודעך אותו, אין צל של ספק שתאהבי אותו."

❖ ❖ ❖

ביום ראשון אחד הלך המאסטר לכנסייה שהמקהלה שלה שרה במיוחד עבורו. לאחר הטקס, ראש המקהלה והקבוצה שאלו את פרמאהנסאג'י:

"האם נהנית מהשירה?"

"זה היה בסדר," שרי יוגאננדה אמר, ללא התלהבות.

"הו! לא באמת אהבת את זה?" הם שאלו.

"זה לא מדויק."

לאחר שהם דחקו בו להסביר, אמר המאסטר לבסוף: "בכל הנוגע לטכניקה, זה היה מושלם; אבל לא הבנתם למי אתם שרים. חשבתם רק על לרצות אותי ואת שאר הקהל. בפעם הבאה, אל תשירו לאדם אלא לאלוהים."

❖ ❖ ❖

התלמידים דנו ביראת כבוד על הסבל שקדושים מעונים לאורך ההיסטוריה נשאו עליהם בשמחה. המאסטר אמר:

פרמאהנסה יוגאננדה בכנס בלתי פורמלי של ידידים וחברי Self-Realization, בברלי הילס, קליפורניה, 1949

"גורל הגוף אינו חשוב לחלוטין לאדם בעל הכרה אלוהית. הצורה הפיזית היא כמו צלחת שבה החסיד משתמש בזמן שהוא אוכל את ארוחת החוכמה של החיים. כאשר הרעב שלו רווי נצחית, איזו חשיבות יש לצלחת? היא יכולה להישבר, אך החסיד בקושי שם לב. הוא שקוע באל."

◆ ◆ ◆

ערבי קיץ ארוכים רבים מצאו את המאסטר שקוע בשיחות רוחניות עם התלמידים במרפסת בהרמיטאז' באנסיניטאס. בערב אחד שכזה הופנתה השיחה לניסים, והמאסטר אמר:

"רוב האנשים מתעניינים בניסים ורוצים לראות אותם. אך למאסטר שלי, שרי יוקטשווארג'י, אשר שלט בכל כוחות הטבע, היו דעות מאוד נוקשות בנושא. לפני שעזבתי את הודו כדי להרצות באמריקה, הוא אמר לי:' עורר באנשים את האהבה לאלוהים. אל תמשוך אותם אליך באמצעות הפגנת כוחות יוצאי דופן.'

"אם הייתי הולך על אש ומים וממלא כל אולם בארץ במחפשים סקרניים, איזו תועלת זה היה מביא? ראו את הכוכבים, העננים והאוקיינוס; ראו את הערפל על הדשא. האם כל נס של אדם יכול להשתוות לתופעות הבלתי-מוסברות הללו? ובכל זאת, מעטים האנשים המובלים דרך הטבע לאהוב את אלוהים - נס הניסים."

◆ ◆ ◆

לקבוצה של תלמידים צעירים מתמהמהים למדי, המאסטר אמר:

"עליכם להפוך את חייכם לשיטתיים. אלוהים ברא שגרה. השמש זורחת עד רדת החשכה, והכוכבים זורחים עד עלות השחר."

❖ ❖ ❖

"האם חוכמת הקדושים נובעת מכך שהם מקבלים יחס מיוחד מאלוהים?" שאל מבקר.

"לא," השיב המאסטר. "שלאנשים מסוימים יש פחות הכרה אלוהית מאחרים, זה לא משום שאלוהים מגביל את זרימת החסד שלו, אלא מכיוון שרוב האנשים מונעים מאורו הנוכח תמיד לעבור דרכם בחופשיות. על ידי הסרת המסך האפל של האנוכיות, כל ילדיו יכולים לשקף במידה שווה את קרני ידיעת-הכל שלו."

❖ ❖ ❖

מבקר דיבר בזלזול על עבודת האלילים לכאורה של הודו. המאסטר אמר בשקט:

"אם אדם, היושב בעיניים עצומות בכנסיה, מרשה למחשבות שלו לשהות בנושאים ארציים – אלילי החומרנות – אלוהים מודע לכך שלא סוגדים לו.

"אם אדם, המשתחווה בפני דמות אבן, רואה בה סמל ותזכורת לרוח החיה השוררת בכל מקום, אלוהים מכיר בסגידה זו."

❖ ❖ ❖

"אני הולך לגבעות כדי להיות לבד עם אלוהים," הודיע תלמיד למאסטר.

"אתה לא תתקדם רוחנית בדרך הזו," פרמאהנסאג'י השיב. "הראש שלך עדיין לא מוכן להתרכזות עמוקה ברוח האלוהית. מחשבותיך ישהו בעיקר בזיכרונות על אנשים ובילויים ארציים, למרות שתהיה במערה. ביצוע חובותיך הארציות בעליזות, יחד עם מדיטציה

יומיומית, היא הדרך הטובה יותר."

❖ ❖ ❖

לאחר ששיבח תלמיד, אמר המאסטר:
"כשאומרים לך שאתה טוב, אל תנוח, אלא נסה להיות אפילו טוב יותר. השיפור התמידי שלך גורם לאושר לך, לסובבים אותך ולאלוהים."

❖ ❖ ❖

"פרישות אינה דבר שלילי אלא חיובי. זה אינו ויתור על דבר מלבד אומללות," אמר המאסטר.
"אל לנו לחשוב על פרישות כעל דרך של הקרבה, אלא כעל הש־קעה אלוהית, שבאמצעותה הסנטים הספורים של משמעת עצמית יניבו מיליון דולרים רוחניים. האם זה לא חכם לבזבז את מטבעות הזהב של ימינו החולפים לרכישת הנצח?"

❖ ❖ ❖

כשהביט בבוקר יום ראשון אחד על כמות הפריחה שקישטה את המקדש, המאסטר אמר:
"מכיוון שאלוהים הוא יופי, הוא יצר יופי בפרחים כדי שיוכלו להלל אותו. הם מרמזים על נוכחותו יותר מכל דבר אחר בטבע. פניו הבוהקות מציצות מתוך חלונות החבצלות ומפרחי זכריני. בניחוח הורד נראה שהוא אומר: 'חפשו אותי.' זוהי דרכו לדבר; אחרת הוא נשאר דומם. הוא מראה את יצירתו ביופי הבריאה, אך אינו מגלה שהוא עצמו מוחבא בה."

◆ ◆ ◆

שני תלמידים מההרמיטאז' ביקשו רשות מהמאסטר לנסוע לבקר חברים. פרמאהנסאג'י השיב:

"בתחילת הכשרתו של נזיר, לא טוב לו להתערבב לעיתים תכופות עם אנשים ארציים. המוח שלו מתחיל לדלוף, כמו מסננת, ואינו יכול להחזיק במים של תפיסה אלוהית. טיולים לא יביאו לכם את הכרת האינסוף."

מכיוון שדרכו של הגורו הייתה להציע, לא לצוות, הוא הוסיף, "זוהי חובתי להזהיר אתכם כשאני רואה שאתם פונים לכיוון הלא נכון. אבל עשו כרצונכם."

◆ ◆ ◆

"על פני כדור הארץ, אלוהים מנסה לפתח את האומנות האוניברסלית של חיים נכונים על ידי עידוד רגשות של אחווה והערכה לאחרים בליבם של אנשים," אמר המאסטר. "לכן הוא לא הרשה לאף אומה להיות שלמה בפני עצמה. לכל גזע הוא העניק כישרון מיוחד, איזו גאונות ייחודית, שבעזרתה הם יכולים לתרום תרומה ייחודית לציוויליזציה העולמית.

"שלום עלי אדמות יגיע מהר יותר באמצעות חילוף בונה בין האומות של מיטב תכונותיהן. עלינו להבחין ולחקות את סגולותיו של גזע כלשהו ולהתעלם מפגמיו. חשוב לציין שהקדושים הגדולים בהיסטוריה גילמו את האידיאלים של כל הארצות ואת השאיפות הגבוהות ביותר של כל הדתות."

◆ ◆ ◆

השיח של המאסטר נצנץ בדימויים. יום אחד הוא אמר:

"אני רואה את אלה שהולכים בדרך הרוחנית כאילו במרוץ. חלקם רצים; אחרים מתקדמים לאט; ומעטים אפילו רצים לאחור!"

בפעם אחרת הוא אמר:

"החיים הם קרב. אנשים נלחמים באויביהם הפנימיים של חמדנות ובורות. רבים פצועים – מקליעים של תשוקות."

❖ ❖ ❖

פרמאהנסאג'י נזף במספר תלמידים על חוסר יעילות בביצוע חובותיהם. הם הרגישו עצובים מאוד. הגורו אמר:

"אני לא אוהב לנזוף בכם, מכיוון שכולכם כל כך טובים. אבל כשאני רואה כתמים על קיר לבן, אני רוצה להסיר אותם."

❖ ❖ ❖

פרמאהנסאג'י ועוד מספר אנשים נסעו ברכב כדי לבקר ברטריט של Self-Realization. איש זקן, עם תרמיל על הגב, הלך בכבדות לאורך הכביש הלוהט והמאובק. המאסטר ביקש לעצור את המכונית, קרא לאיש, ונתן לו קצת כסף. כעבור מספר דקות פרמאהנסאג'י אמר לתלמידיו:

"העולם והפתעותיו הנוראיות! אנו רוכבים בזמן שאיש זקן כל כך הולך. על כולכם להחליט לברוח מהפחד מהתפניות הבלתי צפויות של *המאיה*. אילו לאיש המסכן הזה הייתה הכרה אלוהית, עוני או עושר לא היו משנים דבר. בנצח, כל מצבי התודעה משתנים לאחד: אושר עילאי חדש תמיד."

❖ ❖ ❖

"אדוני, איזה קטע *מהאוטוביוגרפיה של יוגי* אתה מחשיב כהכי מעורר השראה עבור האדם הרגיל?" שאל תלמיד. המאסטר הרהר זמן מה ואמר:

"המילים האלה של הגורו שלי, שרי יוקטשוואר: 'שכח את העבר. התנהגות אנושית אינה אמינה עד שהאדם מעוגן באלוהי. הכל ישתפר בעתיד אם אתה עושה מאמץ רוחני עכשיו.'"

❖ ❖ ❖

"אלוהים זוכר אותנו, למרות שאנחנו לא זוכרים אותו," אמר המאסטר. "אם הוא היה שוכח את הבריאה אפילו לשנייה, הכל היה נעלם ללא עקבות. מי מלבדו מחזיק בשמיים את כדור העפר הזה? מי מלבדו מקדם את צמיחתם של עצים ופרחים? זהו אלוהים לבדו ששומר על פעימות ליבנו, מעכל את האוכל שלנו, ומחדש מדי יום את תאי הגוף שלנו. ולמרות זאת, כמה מעט מילדיו חושבים עליו!"

❖ ❖ ❖

"המוח," אמר פרמאהנסאג'י, "הוא כמו גומייה קסומה שיכולה להתמתח לאינסוף מבלי להיקרע."

❖ ❖ ❖

"כיצד יכול קדוש לקחת על עצמו קארמה רעה* של אחרים?" שאל תלמיד. המאסטר השיב:

---

* ראה מילון מונחים. חוק העברת קארמה מוסבר בצורה יותר נרחבת בפרק 21 ב*אוטוביוגרפיה של יוגי*.

"אם היית רואה שאדם עומד לפגוע באחר, היית יכול לעמוד לפני הקורבן המיועד ולתת למכה ליפול עליך. זה מה שמאסטר גדול עושה. בחייהם של חסידיו, הוא יודע מתי השפעות שליליות מהקאר־מה הרעה של עברם עומדות לפגוע בהם. אם הוא חושב שזה נבון, הוא נוקט בשיטה מטאפיזית מסוימת, שבה הוא מעביר לעצמו את ההש־לכות של שגיאות חסידיו. חוק הסיבה והתוצאה פועל באופן מכני או מתמטי; יוגים יודעים כיצד לשנות את הזרמים שלו.

"מכיוון שקדושים מודעים לאלוהים כמהות נצחית ואנרגיית חיים בלתי נדלית, הם מסוגלים לשרוד מכות שהיו הורגות אדם רגיל. המוחות שלהם אינם מושפעים ממחלות פיזיות או מצרות ארציות."

❖ ❖ ❖

המאסטר דן עם תלמידים על תוכניות להרחבת העבודה של Self-Realization Fellowship. הוא אמר:
"זכרו, הכנסייה היא הכוורת, אבל אלוהים הוא הדבש. אל תסת־פקו בלספר לאנשים על אמיתות רוחניות; הראו להם כיצד הם עצמם יכולים להשיג הכרה אלוהית."

❖ ❖ ❖

פרמאהנסאג'י היה אוהב ונאמן, אך ללא היקשרות. יום אחד הוא אמר:
"כשאני לא רואה את חבריי, אני לא מתגעגע אליהם; אבל כשא־ני רואה אותם, אני לעולם לא מתעייף מהם."

❖ ❖ ❖

"אני רואה את אלוהים ביקום שלו," אמר המאסטר. "כשאני צופה בעץ יפה, ליבי מתרגש ולוחש: 'הוא שם!' אני משתחווה כדי להעריץ אותו. האם הוא לא חודר לכל אטום בכדור הארץ? האם כוכב הלכת שלנו היה בכלל יכול להתקיים ללא הכוח המלכד של אלוהים? חסיד אמיתי רואה אותו בכל האנשים, בכל הדברים; כל סלע הופך למזבח.

"כאשר ציווה אלוהים: 'לא יהיה לך אלוהים אחרים על פני. לא תעשה לך פסל וכל תמונה*,' הוא התכוון שאל לנו להעריץ את הדב־רים בבריאה יותר מאת הבורא. אהבתנו לטבע, למשפחה, לחברים, לחובות שלנו ולרכוש שלנו לא צריכה לתפוס את כס המלכות העליון בליבנו. לשם שייך *אלוהים*."

◆ ◆ ◆

לאחר שהצביע על טעות של תלמיד, המאסטר אמר:

"אל לך להיעלב מכך שאני מתקן אותך. אני ממשיך להראות לך את הדרך למשמעת עצמית, מכיוון שאתה מנצח במאבק נגד ההרגלים המונחים על ידי האגו. אני מברך אותך ללא הרף למען עתיד מזהיר בטוב. הזהרתי אותך הערב, שמא תתרגל לביצוע מכני של חובותיך הרוחניות ותשכח לעשות מאמץ איתן ונלהב מדי יום כדי למצוא את אלוהים."

◆ ◆ ◆

כומר מכנסייה אחרת ביקר את פרמאהנסאג'י ערב אחד. המבקר אמר בדכדוך:

* שמות ג', פסוקים ג'-ד'.

"אני כל כך מבולבל בחשיבה הרוחנית שלי!"
"אז למה אתה נושא דרשות?"
"אני אוהב לשאת דרשות."
"האם ישו לא אמר לנו שאל לעיוורים להוליך את העיוורים?'"* אמר המאסטר. "הספקות שלך ייעלמו אם תלמד ותתרגל את שיטת המדיטציה על אלוהים, הוודאות היחידה. ללא השראה ממנו, כיצד תוכל להסביר הכרה אלוהית לאחרים?"

❖ ❖ ❖

התלמידים האזינו בשקיקה, באולם הראשי של ההרמיטאז' בא-נסיניטאס, כשהמאסטר דיבר לתוך הלילה על נושאים נשגבים.
"אני כאן לספר לכם על האושר שניתן למצוא באלוהים," הוא סיכם, "האושר שכל אחד מכם חופשי לגלות, האושר שמחלחל בי כל רגע בחיי. מכיוון שהוא הולך איתי, מדבר איתי, חושב איתי, משחק איתי, מדריך אותי בכל הדרכים. 'אדוני,' אני אומר לו, 'אין לי שום צרות; אתה לעולם עימי. אני שמח להיות עבדך הנאמן, כלי צנוע לע-זור לילדיך. כל אדם או התרחשות שתביא לי הם באחריותך; אני לא אתערב בתוכנית שלך עבורי על ידי טיפוח רצונות משלי.'"

❖ ❖ ❖

"אני יודע, עמוק בתוכי, שאמצא אושר רק באלוהים. ובכל זאת, דברים ארציים רבים עדיין מפתים אותי," אמר בחור צעיר ששקל להיכנס למסדר של Self-Realization.
"ילד חושב שזה כיף לשחק בעוגות בוץ, אך מאבד בהן עניין

---

* הבשורה על פי מתי טו:14.

כשהוא גדל," השיב המאסטר. "כשתגדל מבחינה רוחנית, תענוגות העולם לא יחסרו לך."

❖ ❖ ❖

לאחר ביקור של מספר אנשים מלומדים, אמר המאסטר לתלמידים:

"מספר אינטלקטואלים שמצטטים את הנביאים הם כמו גרמופונים. כשם שמכונה מנגנת תקליטים של כתבי קודש מבלי להבין את משמעותם, כך גם מלומדים רבים, אשר מדקלמים כתיבה מקודשת, אינם מודעים למשמעות האמיתית שלה. הם אינם רואים את הערך העמוק, המשנה-חיים, של כתבי הקודש. מקריאתם, אנשים כאלה מקבלים לא הכרה אלוהית אלא רק ידע של *מילים*. הם נהיים גאים ועיקשים."

הוא הוסיף, "לכן אני אומר לכולכם לקרוא פחות ולעשות יותר מדיטציה."

❖ ❖ ❖

המאסטר אמר: "בבריאה נראה שאלוהים ישן במינרלים, חולם בפרחים, מתעורר בבעלי החיים, ובאדם* יודע שהוא ער."

❖ ❖ ❖

---

* "הגוף האנושי הוא לא רק תוצאה של אבולוציה מחיות, אלא נוצר דרך מעשה של יצירה מיוחדת על ידי אלוהים. המבנה של החיות היה גס מכדי לבטא אלוהות מלאה; האדם קיבל באופן ייחודי מרכזים נסתרים ערים מאוד בעמוד השדרה, ואת ה'לוטוס בעל אלף עלי כותרת' הכל-יודע במוח." – *אוטוביוגרפיה של יוגי*

המאסטר נתן ללא הרף מזמנו לחסידים ולמחפשי אמת. לאחר מכן הוא חיפש את השלווה שברטריט של Self-Realization במדבר. כשהוא וקבוצה קטנה הגיעו ליעדם, ומנוע המכונית כבה, פרמאהנסאג׳י נשאר יושב ברכב בשקט. נראה היה שהוא שוקע בדממה העצומה של הלילה במדבר. לבסוף אמר:

"בכל מקום שיש באר, מתאספים אנשים צמאים. אבל לפעמים, לשם שינוי, הבאר אוהב שלא יבקרו אותו."

❖ ❖ ❖

"בתוך הצורה הפיזית שלכם ישנה דלת סודית לאלוהות,"* אמר המאסטר. האיצו את האבולוציה שלכם על ידי תזונה נכונה, חיים בריאים ויראה לגוף כמקדש האלוהים. פתחו את דלתות עמוד השדרה הקדושות שלו על ידי תרגול מדיטציה מדעית."

❖ ❖ ❖

"תמיד רציתי לחפש את אלוהים, אבל אני רוצה להתחתן," אמר תלמיד. "אתה לא חושב שבכל זאת אוכל להשיג את המטרה האלוהית?"

"אדם צעיר המעדיף קודם להקים משפחה, במחשבה שהוא יחפש את אלוהים לאחר מכן, עשוי לעשות טעות חמורה," השיב המאסטר.

* אלוהים צייד את גוף האדם, לבדו בין יצוריו, במרכזי עמוד שדרה נסתרים שהתעוררותם (על ידי יוגה, או, במקרים מסוימים, על ידי להט מסירות עז) מעניקה התגלות אלוהית. לכן הכתבים ההינדים מלמדים (1) שגוף האדם הוא מתנה יקרת ערך, ו (2) שאדם אינו יכול לעבוד על הקארמה החומרית שלו אלא במעטפת הפיזית. הוא ימשיך להיוולד מחדש בכדור הארץ שוב ושוב, עד שהוא יהיה מאסטר. רק אז ימלא גוף האדם את המטרה שלשמה הוא נברא. (ראה *גלגול נשמות* במילון המונחים.)

המאסטר במדיטציה בדיהיקה, סמוך לאתר הראשון של בית ספרו לבנים, במהלך ביקורו בהודו, 1935. בית הספר הועבר לראנצ'י בשנת 1918, שם הוא ממשיך לשגשג.

"בהודו העתיקה, ילדים קיבלו הנחיות למשמעת עצמית בהרמיטאז'. היום, בכל העולם, אין הכשרה כזו. לאדם המודרני יש מעט שליטה על חושיו, דחפיו, מצבי הרוח והתשוקות שלו. הוא מושפע במהירות מסביבתו. במהלך הטבעי של האירועים הוא הופך לבעל בית ונהיה עמוס יתר על המידה בחובותיו הארציים. בדרך כלל הוא שוכח לומר אפילו תפילה זעירה לאלוהים."

❖ ❖ ❖

"מדוע הסבל נפוץ כל כך על פני כדור הארץ?" שאל תלמיד. המאסטר ענה:

"ישנן סיבות רבות לסבל. אחת מהן היא למנוע מהאדם ללמוד יתר על המידה על אחרים ולא מספיק על עצמו. הכאב מאלץ בסופו של דבר את בני האדם לתהות: 'האם עיקרון סיבה-תוצאה פועל בחיי? האם הצרות שלי נובעות מהחשיבה השגויה שלי?'"

❖ ❖ ❖

יום אחד, כשהבין את הנטל שקדוש נוטל על עצמו כדי לעזור לאחרים, אמר תלמיד לפרמאהנסאג'י:

"אדוני, בבוא העת, ללא ספק תשמח לעזוב את כדור הארץ ולעולם לא לחזור."

"כל עוד אנשים בעולם הזה זועקים לעזרה, אני אחזור לשוט בסירה שלי ולהציע לקחת אותם לחופים השמיימיים," השיב הגורו.

"האם אני יכול להנות מהחופש בזמן שאחרים סובלים? ביודעי שהם בסבל (כפי שגם אני הייתי אילולא אלוהים היה מראה לי את חסדו), לא הייתי יכול להנות לחלוטין אפילו מאושרו העילאי הבלתי ניתן לתיאור."

◆ ◆ ◆

"הימנעו מגישה שלילית לחיים," אמר המאסטר לקבוצת תל־מידים. מדוע להביט במורד הביוב כשיש יופי מסביבנו? ניתן למצוא פגם גם ביצירות המופת הגדולות ביותר באומנות, מוזיקה וספרות. אך האם לא עדיף להנות מהקסם והתפארת שלהן?

"לחיים יש צד בהיר וצד אפל, מכיוון שעולם היחסיות מורכב מאור וצללים. אם תאפשרו למחשבות שלכם להתעכב על הרוע, אתם עצמכם תהפכו למכוערים. חפשו רק את הטוב בכל דבר, כדי שתספגו את איכויות היופי."

◆ ◆ ◆

"מאסטר, אני מודע רק לחיים הנוכחים. מדוע אין לי זיכרון של גלגולים קודמים* ושום ידע מקדים על קיום עתידי?" שאל תלמיד. פרמאהנסאג'י השיב:

"החיים הם כמו שרשרת גדולה באוקיינוס של אלוהים. כאשר חלק מהשרשרת נשלף מהמים רואים רק את החלק הקטן הזה. ההת־חלה והסוף נסתרים. בגלגול הזה אתה צופה רק בחוליה אחת משרש־רת החיים. העבר והעתיד, למרות שהם בלתי נראים, נשארים במעמ־קים של אלוהים. הוא חושף את סודותיהם לחסידים המכווננים אתו."

◆ ◆ ◆

"האם אתה מאמין באלוהות של ישו?" שאל מבקר. המאסטר ענה:

* ראה *גלגול נשמות* במילון המונחים.

"כן, אני אוהב לדבר עליו מפני שהוא היה אדם בעל הכרה עצמית מושלמת. עם זאת, הוא לא היה בן האלוהים *היחיד*, והוא גם לא טען שהוא. במקום זאת, הוא לימד באופן ברור שמי שעושה את רצון האל הופך, כמוהו, לאחד אתו. האם זאת לא הייתה משימתו של ישו בעו־לם, להזכיר לכל בני האדם שאלוהים הוא אביהם שבשמים, ולהראות להם את הדרך חזרה אליו?"

* * *

"זה לא מרגיש נכון שהאבא שבשמיים מרשה כל כך הרבה אומ־ללות בעולם," העיר תלמיד. פרמאהנסאג'י השיב:

"אין אכזריות בתוכניתו של אלוהים, מכיוון שבהסתכלותו אין טוב ורע - רק תמונות של אור וצללים. אלוהים התכוון שנראה את הסצנות הדואליסטיות של החיים כפי שהוא רואה אותם - העד המאושר תמיד של הדרמה הקוסמית האדירה.

"האדם הזדהה בטעות עם הנשמה-המדומה, האגו. כאשר הוא מעביר את תחושת הזהות שלו למהותו האמיתית, הנשמה הנצחית, הוא מגלה שכל כאב אינו אמיתי. הוא כבר לא יכול אפילו *לדמיין* את מצב הסבל."

הגורו הוסיף: "מאסטרים גדולים שהגיעו לכדור הארץ לעזור לאחיהם המבולבלים מורשים על ידי אלוהים לחלוק, ברמה מסוימת של מוחם, בצער האנושות; אך ההשתתפות האוהדת הזו ברגשות אנושיים אינה מפריעה לרמות תודעה עמוקות יותר בהן הקדושים חווים רק אושר עילאי חסר שינוי."

* * *

לחסידים המאסטר אמר לעיתים קרובות: "שיר שעליכם לזמזם

כל הזמן, בלי שאף אחד ישמע, הוא: 'אדוני, אהיה שלך לעד.'"

❖ ❖ ❖

תלמיד החליט לעזוב את ההרמיטאז'. הוא אמר לפרמאהנסאג'י:
"לא משנה היכן אהיה, תמיד אעשה מדיטציה ואפעל על פי תורתך."
"לא, אתה לא תצליח לעשות זאת," השיב המאסטר. "מקומך פה. אם תחזור לחייך הישנים, אתה תשכח את הדרך."
התלמיד עזב. הוא לא הצליח להמשיך את תרגול המדיטציה ושקע בארציות. הגורו התאבל על "הכבש האובד" שלו. לתלמידים הוא אמר:
"לרוע יש כוח. אם אתם מצדדים בו, הוא יחזיק בכם. כשאתם עושים טעות, חזרו מייד לדרך היושר."

❖ ❖ ❖

"אם אדם היה אומר לכם: 'אני אלוהים,' לא הייתם מרגישים שהוא דובר אמת," אמר המאסטר לקבוצת תלמידים. "אבל כולנו יכולים להגיד בצדק: 'אלוהים נהיה אני.' מאיזה יסוד אחר אנו יכולים להיות עשויים? הוא המרקם הבלעדי בבריאה. לפני שהוא הביא לידי ביטוי את העולמות הפנומנליים, דבר לא היה קיים מלבדו כרוח אלוהית. ממהותו הוא ברא את הכל: את היקום ואת נשמות בני האדם."

❖ ❖ ❖

"האם עלי לקרוא ספרים?" שאל תלמיד.

"לימוד כתבי קודש יעורר בך להט עז יותר לאלוהים, אם תקרא את הפסוקים לאט ותנסה להטמיע את משמעותם העמוקה," השיב המאסטר. "'קריאת ספרות קדושה מבלי למלא אחר מצוותיה מייצרת גאווה, סיפוק כוזב, ומה שאני מכנה 'הפרעת עיכול אינטלקטואלית.'

"אנשים רבים צריכים לתת את תשומת ליבם לספרי חול, כדי להתפרנס; אבל לנזירים כמוך, לא נכון לקרוא כתבים חסרי דביקות, כאלה שאין אלוהים בדפיהם."

◆◆◆

"האם הבריאה באמת עוברת תהליך של אבולוציה?" שאל תלמיד.

"אבולוציה היא הצעה של אלוהים במוח האנושי, ונכונה בעולם היחסי," השיב המאסטר. "למעשה, הכל מתרחש בהווה. ברוח האלוהית אין אבולוציה, כשם שאין שינוי בקרן האור שדרכה באות לידי ביטוי כל הסצנות המתפתחות בסרטי קולנוע. אלוהים יכול להריץ את סרט הבריאה אחורה או קדימה, אבל הכל למעשה קורה *בעכשיו הנצחי*."

◆◆◆

"האם לעבוד עבור אלוהים ולא עבור עצמי אומר שזה לא נכון להיות שאפתן?" שאל תלמיד.

"לא, עליך להיות שאפתן כדי לבצע עבודה למען אלוהים," אמר המאסטר. "אם כוח רצונך הוא חלש והשאפתנות שלך מתה, כבר איבדת את החיים. אבל אל תיתן לשאפתנות ליצור היקשרויות ארציות.

"לרצות דברים רק למענך זה הרסני; לרצות דברים עבור אחרים זה רוחב לב; אך לרצות דברים כדי לרצות את אלוהים זו הגישה הטו-

בה ביותר. היא תוביל אותך ישירות לנוכחות האלוהית."

❖ ❖ ❖

"אני נמשך לחיי ההרמיטאז'," אמר אדם לפרמאהנסאג'י, "אבל אני מהסס לוותר על החופש שלי."

"ללא הכרה אלוהית יש לך מעט חופש," השיב המאסטר. "חייך נשלטים על ידי דחפים, גחמות, מצבי רוח, הרגלים וסביבה חיצונית. דרך ביצוע עצתו של הגורו וקבלת המשמעת שלו, תתחיל בהדרגה לצאת משעבוד חושי. חופש פירושו הכוח לפעול על פי הדרכת הנשמה, לא על פי הכפייה של רצונות והרגלים. ציות לאגו מוביל לשעבוד; ציות לנשמה מביא לשחרור."

❖ ❖ ❖

"אדוני, האם ישנה שיטה מדעית, מלבד *קריה יוגה*, שתוביל חסיד לאלוהים?" שאל תלמיד.

"כן," אמר המאסטר. "דרך בטוחה ומהירה לאינסופי היא לשמור את תשומת הלב במרכז ההכרה המשיחית* בין הגבות."

❖ ❖ ❖

"האם זה לא נכון להטיל ספק? אני לא אוהב להאמין בעיוורון," אמר תלמיד. המאסטר השיב:

"ישנם שני סוגים של ספק: הרסני ובונה. ספק הרסני הוא ספקנות קבועה. אנשים שמפתחים את הגישה הזו הם חסרי אמונה בצורה

* ראה *עין רוחנית* במילון המונחים.

עיוורת; הם נמנעים ממלאכת חקירה לא משוחדת. ספקנות היא רעש סטטי ברדיו המנטלי של האדם, שגורם לו לאבד את תוכנית האמת.

"ספק בונה הוא חקירה מושכלת ובחינה הוגנת. אלו שמטפחים את הגישה הזו אינם שופטים מראש או מקבלים את דעותיהם של אחרים כתקפות. בדרך הרוחנית, ספקנים בונים מבססים את המסקנות שלהם על מבחנים וניסיון אישי: הגישה הנכונה לאמת."

❖ ❖ ❖

"למה שאלוהים יתמסר אליכם בקלות?" אמר המאסטר במהלך הרצאה. "אתם העובדים כל כך קשה עבור כסף וכה מעט בשביל הכרה אלוהית! הקדושים ההינדים אומרים לנו שאם היינו נותנים זמן כה קצר כמו עשרים וארבע שעות לתפילה מתמשכת ובלתי פוסקת, אלוהים היה מופיע לפנינו או שהיה נודע לנו בדרך אחרת. אם נקדיש אפילו שעה אחת ביום למדיטציה עמוקה עליו, עם הזמן הוא יבוא אלינו."

❖ ❖ ❖

פרמאהנסאג'י יעץ לתלמיד מסוים, בעל נטייה אינטלקטואלית, לנסות לפתח מסירות. יום אחד, בהרגישו שהאיש הצעיר מתקדם יפה, אמר לו המאסטר באהבה:
"המשך בהתמדה בדרך המסירות. כמה 'יבשים' היו חייך כשנשענת רק על השכל!"

❖ ❖ ❖

"רצונות הם האויבים הבלתי פוסקים של האדם; הוא לא יכול

לפייס אותם," אמר המאסטר. "שיהיה לכם רק רצון אחד: לדעת את אלוהים. סיפוק התשוקות החושיות לא יביא לכם סיפוק, מכיוון שאתם אינכם החושים. הם רק המשרתים שלכם, לא העצמי שלכם."

❖ ❖ ❖

"כאשר פרמאהנסאג'י והתלמידים ישבו ליד האח בסלון בהרמי-טאז' ושוחחו על נושאים רוחניים, אמר המאסטר:
"דמיינו שני אנשים. מימינם נמצא עמק החיים, ומשמאלם עמק המוות. שניהם אנשי היגיון, אך אחד הולך ימינה והשני שמאלה. מדוע? מכיוון שאחד השתמש נכון בכוח ההבחנה שלו, והשני השתמש לרעה בכוח הזה על ידי התמכרות להיגיון כוזב."

❖ ❖ ❖

"מאסטר, ד"ר לואיס היה החסיד הראשון שלך במדינה הזאת, נכון?"
פרמאהנסאג'י ענה, "זה מה שאומרים." כשראה שהשואל קצת נדהם, המאסטר הוסיף, "אני לעולם לא אומר שאחרים הם החסידים שלי. אלוהים הוא הגורו; הם החסידים שלו."

❖ ❖ ❖

תלמיד הצטער על כך שהדיווחים על הרוע בעולם תפסו בדרך כלל מקום מרכזי בעיתונים.
"הרוע מתפשט עם הרוח," אמר המאסטר. "אמת מסוגלת לנוע נגד הרוח."

❖ ❖ ❖

אנשים רבים היו סקרנים לדעת את גילו של המאסטר. הוא היה צוחק ואומר:

"אין לי גיל. הייתי קיים לפני האטומים, לפני שחר הבריאה."

לתלמידים הוא נתן את העצה הבאה:

"אמרו לעצמכם את האמת הזו: 'אני האוקיינוס האינסופי, שנהיה לרבים בגלים. אני נצחי ואלמותי. אני רוח אלוהית.'"

❖ ❖ ❖

"מה מונע מכדור הארץ מלצאת ממסלולו?" פרמאהנסאג'י שאל תלמיד.

"הכוח הצנטריפטלי או כוח המשיכה של השמש, אדוני, שמונ־עים מכדור הארץ להיעלם בחלל החיצון," ענה האיש הצעיר.

"מה, אם כן, מונע מכדור הארץ להימשך לגמרי לתוך השמש?" המשיך המאסטר.

"הכוח הצנטריפוגלי של כדור הארץ, אדוני, שדרכו הוא שומר על מרחק מסוים מהשמש."

המאסטר חייך במשמעות. מאוחר יותר התלמיד הבין שפרמאהנסאג'י דיבר באלגוריה על אלוהים כשמש מושכת ועל האדם האנוכי ככדור הארץ ה"שומר מרחק."

❖ ❖ ❖

תלמיד ניסה להבין על ידי אנליזה שכלית מהו אלוהים. המאסטר אמר:

"אל תחשוב שאתה יכול להבין את האלוהים האינסופי דרך

ההיגיון. ההיגיון יכול לתפוס רק את עיקרון הסיבה-תוצאה השייך לעולם התופעות. ההיגיון אינו יכול להבין את האמת הטרנסצנדנט־לית ואת טבעו של המוחלט חסר הסיבה.

"היכולת הגבוהה ביותר של האדם אינה ההיגיון אלא האינ־טואיציה: תפיסה של ידע הנובע באופן מידי וספונטני מהנשמה, לא באמצעות החושים או ההיגיון הנוטים לטעות."

◆ ◆ ◆

ביישוב מחלוקת בין שני תלמידים, אמר המאסטר, "לאנושות יש רק אויב אמיתי אחד - בורות. בואו נעבוד כולנו יחד להשמדתה, עוזרים ומעודדים אחד את השני לאורך הדרך."

◆ ◆ ◆

"כיצד יכול אלוהים, המוחלט הבלתי-גלום, להופיע בצורה גלויה* לחסיד?" שאל אדם. המאסטר אמר:

"אם אתה מטיל ספק, לא תראה; אם תראה, לא תטיל ספק."

◆ ◆ ◆

"אבל אדוני," התחנן תלמיד, "לא חשבתי שהמילים שלי יגרמו עצב ל- מ'." המאסטר השיב:

"גם אם אנחנו מפרים חוק שלא ביודעין או פוגעים במישהו ללא כוונה תחילה, בכל זאת פגענו. האנוכיות היא שמכוונת אותנו לא נכון. קדושים אינם פועלים בחוסר חוכמה, מכיוון שהם ויתרו על האגו ומ־

* ראה *אמא אלוהית* במילון המונחים.

צאו את הזהות האמיתית שלהם באלוהים."

❖ ❖ ❖

תלמיד הביע סלידה כלפי אדם שפשעיו נדונו לאחרונה בעיתונים.

"עצוב לי על אדם חולה," אמר המאסטר. "מדוע שאשנא אדם שנפל לרוע? הוא *ממש* חולה."

❖ ❖ ❖

"כאשר קירות מאגר המים נהרסים," אמר המאסטר, "המים זורמים החוצה לכל הכיוונים. באופן דומה, כאשר מגבלות החוסר-שקט* ואשליה מוסרות על ידי מדיטציה, תודעת האדם מתפשטת לאינסוף ומתמזגת ברוח האלוהית השוררת בכל מקום."

❖ ❖ ❖

"מדוע אלוהים נותן לנו משפחות אם הוא לא רוצה שנאהב אותן יותר משנאהב אנשים אחרים?" שאל תלמיד.

"בכך שהוא שם אותנו במשפחות, אלוהים מעניק לנו הזדמנות להתגבר על אנוכיות ולחשוב על אחרים ביתר קלות," השיב המאסטר. "בחברות הוא מציע לנו דרך להרחיב עוד יותר את האהדה שלנו. אך אפילו זה לא הסוף; עלינו להמשיך ולהרחיב את האהבה שלנו עד שהיא הופכת לאלוהית, מקיפה את כל היצורים בכל מקום. אחרת, כיצד נשיג אחדות עם אלוהים, האבא של כולם?"

* ראה *נשימה* במילון המונחים.

❖ ❖ ❖

האהבה הסובלנית של אלוהים מצאה ביטוי נוקב כאשר הגורו אמר: "באחד מהיבטיו, היבט מאוד נוגע ללב, ניתן לומר שאלוהים הוא קבצן. הוא משתוקק לתשומת הלב שלנו. אדון היקום, שבמבטו כל הכוכבים, שמשות, ירחים, וכוכבי לכת רועדים, רץ אחרי האדם ואומר: 'האם לא תיתן לי את חיבתך? אתה לא אוהב אותי, המעניק, יותר מאת הדברים שיצרתי עבורך? לא תחפש אותי?'

"אבל האדם אומר: 'אני עסוק מידי עכשיו; יש לי עבודה לעשות. אני לא יכול להקדיש זמן לחפש אותך.'

"ואלוהים אומר: 'אחכה.'"

❖ ❖ ❖

המאסטר נשא הרצאה על הבריאה ומדוע אלוהים ברא אותה. התלמידים שאלו שאלות רבות. פרמאהנסאג'י צחק ואמר:

"החיים האלה הם רומן מופת, שנכתב על ידי אלוהים, והאדם היה משתגע אילו ניסה להבין אותו בהיגיון בלבד. זו הסיבה שאני אומר לכם לעשות יותר מדיטציה. הגדילו את גביע הקסם של האינ-טואיציה שלכם ואז תוכלו להכיל את אוקיינוס החוכמה האינסופית."

❖ ❖ ❖

"אני מבין שיש לך שני סוגי חבריי ארגון - אלה שחיים בעו-לם והפרושים שחיים בהרמיטאז'," אמר מבקר. "מי מהם הולך בדרך הטובה יותר?"

"יש אנשים שאוהבים את אלוהים כל כך עמוקות ששום דבר אחר לא חשוב להם. הם הופכים לפרושים ועובדים פה למען האל

בלבד," השיב המאסטר. "אלה שצריכים לעבוד בעולם כדי לפרנס את עצמם ואת משפחותיהם אינם מנועים מחיבור אלוהי. בדרך כלל ייקח להם יותר זמן למצוא את אלוהים, זה הכל."

❖ ❖ ❖

איש קונן שדברים אינם מסתדרים לו. "זה בטח הקארמה שלי," הוא אמר. "לא נראה שאני יכול להצליח בדבר."

"אז עליך לעשות מאמץ גדול יותר," השיב המאסטר. "שכח את העבר, ובטח יותר באלוהים. הגורל שלנו אינו נגזר מראש על ידו; גם קארמה אינה הגורם הבלעדי, אף שחיינו מושפעים ממחשבות וממעשיי העבר שלנו. אם אינך מרוצה מהדרך שבה החיים שלך מתפתחים, שנה את הדפוס. אני לא אוהב לשמוע אנשים נאנחים ומייחסים כישלונות הווה לטעויות חיים עברו; לעשות זאת זו עצלנות רוחנית. היה עסוק ועקור את העשבים מגן חייך."

❖ ❖ ❖

מדוע אלוהים אינו מעניש את מי שמחלל את שמו?" שאל תל-מיד. המאסטר השיב:

"אלוהים אינו מתרגש מתפילות ושבחים לא כנים ולא מהת-פרצויות אתאיסטיות בורות. הוא עונה לאדם רק באמצעות החוק. הרבץ לאבן עם האגרוף שלך, שתה חומצה גופרתית, ועליך לשאת בתוצאות. הפר את חוקי החיים שלו והסבל יגיע. חשוב נכון, התנהג באצילות, ושלווה תגיע. אהוב את אלוהים ללא תנאי *הוא* יגיע!"

❖ ❖ ❖

פרמאהנסאג'י במחוות ברכה חמה לחברים מחוץ לבית התפילה של
Self-Realization, סאן דייגו, קליפורניה, 1949

"האדם הגדול ביותר הוא זה שמחשיב את עצמו לקטן ביותר, כפי שלימד ישו," פרמאהנסאג'י אמר. "מנהיג אמיתי הוא מי שקודם למד לציית לאחרים, מי שמרגיש את עצמו המשרת של כולם, ושלעולם אינו מעמיד את עצמו על כס כבוד. אלה שרוצים חנופה אינם ראויים להערצ־תנו, אך מי שמשרת אותנו זכאי לאהבתנו. האם אלוהים אינו המשרת של ילדיו, והאם הוא מבקש שבח? לא, הוא גדול מכדי להיות מושפע מזה."

◆ ◆ ◆

המאסטר נתן עצות לנזירים של Self-Realization להכנת הד־רשות שלהם. הוא אמר:

"ראשית, עשו מדיטציה עמוקה. לאחר מכן, תוך שמירה על תחו־שת השלווה שמגיעה עם מדיטציה, חשבו על נושא ההרצאה שלכם. כתבו את הרעיונות שלכם ותכללו סיפור מצחיק אחד או שניים, מכיוון שאנשים אוהבים לצחוק; וסיימו בציטוט משיעורי SRF*. אז הניחו את ההערות שלכם בצד ושכחו מהעניין. ממש לפני שתי־שאו את הדרשה בכנסייה, בקשו מהרוח האלוהית לזרום דרך המילים שלכם. בדרכים אלו תשאבו השראה לא מהאגו אלא מאלוהים."

◆ ◆ ◆

אישה אמרה לגורו שלמרות שהיא משתתפת באופן קבוע בט־קסים בבית התפילה שלו, היא אינה מרגישה קרובה יותר לאלוהים. פרמאהנסאג'י השיב:

"אם אומר לך שלפרי יש צבע מסוים, ושהוא מתוק, וכיצד הוא גדל, את עדיין תביני רק את הדברים הלא חיוניים עליו. כדי לדעת את

* ראה מילון מונחים.

טעמו הייחודי את בעצמך צריכה לאכול אותו. באופן דומה, כדי להבין את האמת עליך לחוות אותה."

הוא הוסיף: "אני יכול רק לעורר את התאבון שלך לפירות האלוהים. למה שלא תזדרזי ותיקחי ביס?"

❖ ❖ ❖

כולנו גלים בחיק האוקיינוס," אמר המאסטר. "הים יכול להתקיים ללא הגלים, אבל הגלים אינם יכולים להתקיים ללא הים. באופן דומה, הרוח האלוהית יכולה להתקיים ללא האדם, אך האדם אינו יכול להתקיים ללא הרוח האלוהית."

❖ ❖ ❖

חסיד נאבק, ללא הצלחה רבה, להתגבר על חולשותיו. אמר לו המאסטר:

"כרגע אני לא מבקש ממך להתגבר על *מאיה*. כל מה שאני מבקש זה *שתתנגד* לה."

❖ ❖ ❖

לתלמיד חדש, שהשתוקק להימלט מניסיונות החיים, אמר המאסטר:

"הרופא האלוהי מחזיק אותך בבית החולים של אשליות ארציות עד שתתרפא ממחלת הרצונות שלך לדברים חומריים. אז הוא ייתן לך ללכת הביתה."

❖ ❖ ❖

במהלך הרצאה בחוף המזרחי, פגש המאסטר איש עסקים חשוב. במהלך שיחתם העיר האיש:

"אני בריא להחריד ועשיר להחריד."

"אך אתה לא מאושר להחריד, נכון?" השיב המאסטר.

האיש נאלץ להודות והפך לתלמיד מסור של תורת הקריה יוגה של פרמאהנסאג'י.

❖ ❖ ❖

בהתייחסו לפסוק מהברית החדשה, "הנני עומד לפתח ודופק והיה כי ישמע איש לקולי ופתח הפתח אבוא אליו לסעוד עמו והוא עמדי." המאסטר אמר:

"המשיח מבקש להיכנס לדלת ליבך, אבל נעלת אותה באדישות."

❖ ❖ ❖

"זה טוב, אדוני, שאתה מטיף באמריקה בזמן הזה. אחרי שתי מלחמות עולם, אנשים קשובים יותר למסר הרוחני שלך, " ציין אדם שקרא לאחרונה את *האוטוביוגרפיה של יוגי*.

"כן," השיב המאסטר. "לפני חמישים שנה הם היו אדישים. 'לכל זמן ועת לכל חפץ תחת השמים.'"**

❖ ❖ ❖

עם הצמיחה המהירה של Self-Realization Fellowship,

---

* חזון יוחנן ג':20.
** קהלת ג':א.

הארגון שהקים כדי להפיץ את תורתו, הבחין המאסטר שחלק מחסידיו שקעו בעבודה. הוא הזהיר אותם: "לעולם אל תהיו עסוקים מכדי לשיר בסתר לאלוהים: 'אתה שלי; אני שלך.'"

❖ ❖ ❖

כשהבחין שחסיד שקע למצב רוח עצוב, המאסטר אמר בעדינות:
"כשקוץ האומללות חודר לליבך, הוצא אותו עם קוץ המדיטציה."

❖ ❖ ❖

במהלך נאום קבלת פנים קטן לדייר חדש במרכז בהר וושינגטון, אמר המאסטר, "זוהי אינה דרך לבטלנים. עצלנים אינם יכולים למצוא את אלוהים, העומל המופלא של הבריאה! הוא לא עוזר לאלו שחושבים שהוא זה שצריך לעשות את כל העבודה. הוא עוזר בחשאי לאלו שמבצעים את חובותיהם בעליזות ובתבונה, ואשר אומרים: 'אלוהים, זה אתה שמשתמש במוחי ובידיי.'"

❖ ❖ ❖

תלמיד התלונן שהוא עסוק מכדי לעשות מדיטציה. תשובת המאסטר הייתה תמציתית וברורה:
"נניח שאלוהים היה עסוק מכדי לטפל בך?"

❖ ❖ ❖

"גוף האדם הוא רעיון אלוהי במוחו של האל," אמר המאסטר.

"הוא ברא אותנו מקרני אור נצחיים* ועטף אותנו בנורת בשר. שמנו את תשומת הלב שלנו על השבריריות של הנורה המתכלה במקום על אנרגיית החיים הנצחית שבתוכה."

◆ ◆ ◆

"אלוהים נראה מעורפל ורחוק," טען תלמיד.

"האל נראה מרוחק רק משום שתשומת הלב שלך מופנית כלפי חוץ ליצירתו ולא פנימה אליו," אמר המאסטר. "בכל פעם שהמוח שלך משוטט במבוך של אינספור מחשבות ארציות, הובל אותו בס־בלנות חזרה לזיכרון האל השוכן בפנים. עם הזמן תמצא אותו איתך תמיד - אלוהים שמדבר אליך בשפתך, אלוהים שפניו מציצים אליך מכל פרח ושיח וכל עלה דשא.

"אז תאמר: 'אני חופשי! אני לבוש באריג הדקיק של הרוח האלוהית; אני עף מכדור הארץ לגן העדן על כנפי אור.' ואיזו שמחה תכלה את הווייתך!"

◆ ◆ ◆

"האם רק מהתבוננות באדם אתה יכול לדעת כמה רחוק הוא התקדם מבחינה רוחנית?" שאל תלמיד את פרמאהנסאג'י.

"מיידית," ענה המאסטר בשקט. "אני רואה את הצדדים הח־בויים של אנשים, מכיוון שזו עבודתי בחיים. אבל אני לא מדבר על הממצאים שלי. מי שבאנוכיות אומר שהוא יודע, לא יודע. מי שבאמת יודע, מכיוון שהוא יודע את אלוהים, שותק."

* נר הגוף הוא העין ואם עינך היא תמימה כל גופך יאור." (הבשורה על פי מתי ו':22)

❖ ❖ ❖

לתלמידה שביקשה שוב ושוב מהמאסטר לתת לה הכרה אלוהית, אך לא עשתה דבר כדי להכין עצמה למצב שכזה, המאסטר אמר:

"אוהב אלוהים אמיתי יכול לעורר השראה אצל אחיו ואחיותיו המשתמטים לרצות לחזור לביתם בתוכו; אך הם עצמם, צעד אחר צעד, חייבים לעשות את המסע בפועל."

❖ ❖ ❖

מידי שנה, ביום שלפני חג המולד, התלמידים היו מתאספים עם המאסטר במרכז בהר וושינגטון למדיטציה. הטקס הקדוש נמשך בדרך כלל כל היום ולתוך שעות הערב. במהלך מדיטציית חג המולד בשנת 1948 הופיעה האם האלוהית למאסטר, והתלמידים מלאי היראה שמעו אותו מדבר אליה. פעמים רבות הוא קרא באנחה עמוקה:

"הו, כמה שאת יפה!"

פרמאהנסאג'י סיפר לרבים מהתלמידים הנוכחים את רצונותיה לגבי חייהם. לפתע הוא קרא:

"אל תלכי! את אומרת שהרצונות החומריים התת-מודעים של האנשים האלה מבריחים אותך? הו, תחזרי! תחזרי!"

❖ ❖ ❖

"מעולם לא הצלחתי להאמין בגן עדן, מאסטר," העיר תלמיד חדש. "האם באמת יש מקום כזה?"

"כן," השיב פרמאהנסאג'י. "אלה שאוהבים את אלוהים ושמים

בו את מבטחם הולכים לשם כשהם מתים. במישור האסטראלי‎*‏, יש את היכולת לממש כל דבר במיידי על ידי מחשבה צרופה. הגוף האס־טראלי עשוי מאור מנצנץ. במישורים האלה קיימים צבעים וצלילים שכדור הארץ אינו יודע עליהם דבר. זהו עולם יפה ומהנה, אך אפילו חווית גן עדן אינה המצב הגבוה ביותר. אדם מגיע לאושר עילאי סופי כאשר הוא חוצה את עולמות התופעות ומכיר באלוהים ובעצמו כרוח אלוהית אבסולוטית."

❖ ❖ ❖

"היהלום והפחם השוכבים זה לצד זה מקבלים את קרני השמש באופן שווה; אבל עד שהפחם הופך ליהלום, לבן וצלול, הוא אינו יכול לשקף את אור השמש," אמר המאסטר. "באופן דומה, לא ניתן לה־שוות את יופיו של האדם הרגיל, האפל מבחינה רוחנית, עם החסיד המטוהר המסוגל לשקף את אור האלוהים."

❖ ❖ ❖

"הימנעו מרכילות והפצת שמועות," אמר המאסטר לקבוצת תלמידים. "תנו לשקר עשרים וארבע שעות ולפעמים נראה שהוא הופך לנצחי.

"איש שחי פעם בהרמיטאז' סיפר לעיתים תכופות שקרים על אחרים. יום אחד הוא התחיל שמועה חסרת בסיס על ילד אחד. כשהיא הגיעה לאוזני, לחשתי למספר אנשים סיפור שקרי אך לא מזיק על אותו אדם.

"הוא בא אלי ואמר לי בזעם: 'שמע מה כל האנשים כאן אומרים

---

* ראה *עולמות אסטראלים* במילון המונחים.

עליו!' הקשבתי בנימוס. כשהוא סיים אמרתי:

"'אתה לא אוהב את זה, נכון?'

"'כמובן שלא!'

"'עכשיו אתה יודע איך הילד הרגיש כשאחרים חזרו על השקר שסיפרת עליו.' האיש היה מבויש. המשכתי, 'זה הייתי אני שהפיץ את הסיפור הזה עליך. עשיתי את זה כדי ללמד אותך שיעור בהתחשבות באחרים - שיעור שלא הצלחת ללמוד בשום דרך אחרת.'"

❖ ❖ ❖

"עליכם להיכנס עמוק לתוך המדיטציה," אמר המאסטר לקבוצת תלמידים. "ברגע שאתם מרשים לעצמכם להיות חסרי מנוחה, הצרות הישנות מתחילות שוב: תשוקה למין, יין וכסף."

❖ ❖ ❖

"נראה שלאדם יש מעט חופש בחירה," ציין תלמיד. "החיים שלי 'מקובעים' בכל כך הרבה צורות."

"פנה לאלוהים ותמצא את עצמך מתנער משלשלאות ההרגלים והסביבה," השיב המאסטר. "למרות שהדרמה של החיים נשלטת על ידי תוכנית קוסמית, האדם יכול לשנות את תפקידו על ידי שינוי מרכז התודעה שלו. העצמי המזוהה עם האגו כבול; העצמי המזוהה עם הנ־שמה חופשי."

❖ ❖ ❖

מבקר במרכז בהר וושינגטון אמר לפרמאהנסאג'י:

"אני מאמין באלוהים. אבל הוא לא עוזר לי."

"יש שני סוגים של אמונה," השיב המאסטר. "אמונה היא חסרת ערך אם לא בוחנים אותה וחיים על פיה. אמונה שהומרה לחוויה היא אמונה אמיתית. לכן אמר לנו הנביא מלאכי: 'הביאו את כל המעשר אל בית האוצר, ויהי טרף בביתי, ובחנוני נא בזאת, אמר יהוה צבאות: אם לא אפתח לכם, את ארובות השמים, והריקותי לכם ברכה, עד-בלי-די.'"*

❖ ❖ ❖

תלמידה עשתה טעות חמורה. היא קוננה, "תמיד טיפחתי הרגלים טובים. זה פשוט לא יאומן שחוסר המזל הזה קרה לי."

"הטעות שלך הייתה להסתמך יותר מידי על הרגלים טובים ולהזניח שימוש תמידי של שיקול דעת נכון," אמר המאסטר. "ההרגלים הטובים שלך עוזרים לך בנסיבות רגילות ומוכרות אבל אולי לא יספיקו כאשר בעיה חדשה תתעורר. אז יהיה צורך בהבחנה. על ידי מדיטציה עמוקה יותר תלמדי לבחור את המסלול הנכון בכל דבר, גם כשאת מתמודדת עם נסיבות יוצאות דופן." הוא הוסיף:

"האדם אינו אוטומט, ולכן אינו יכול תמיד לחיות בחוכמה על ידי שמירה על כללים קבועים ומצוות מוסר נוקשות. במגוון הגדול של בעיות ואירועים יומיומיים, אנו מוצאים מקום לפיתוח שיקול דעת טוב."

❖ ❖ ❖

יום אחד, פרמאהנסאג'י נזף בנזיר על התנהגותו. התלמיד שאל, "אבל אתה תסלח לי, נכון אדוני?"

המאסטר אמר, "ובכן, מה עוד נותר לי לעשות?"

* מלאכי ג':10.

❖ ❖ ❖

קבוצה גדולה של תלמידות, מבוגרות וצעירות, נהנו מפיקניק עם המאסטר בשטח האשרם במרכז של Self-Realization באנסיני-טאס, המשקיף על האוקיאנוס השקט. פרמאהנסאג'י אמר:
"כמה שזה יותר טוב מאשר שעשועים מבזבזי-זמן של אנשים ארציים חסרי מנוחה. כל אחת מכן מתעשרת בשלווה ובאושר. אלוהים רוצה שילדיו יחיו בפשטות ויסתפקו מהנאות תמימות."

❖ ❖ ❖

"אל תעסיקו את עצמכם במגרעות של אחרים," אמר המאסטר. "השתמשו באבקת הניקוי של החוכמה כדי לשמור על חדרי המוח שלכם מוארים וללא רבב. בעקבות הדוגמא שלכם, אנשים אחרים יקבלו השראה לעשות ניקיון בית משלהם."

❖ ❖ ❖

שני חסידים, שכעסו שלא בצדק על אחד מאחיהם, הביאו את תלונותיהם למאסטר. הוא הקשיב בשתיקה. כשסיימו, הוא אמר, "שנו את עצמכם."

❖ ❖ ❖

"תאמני את כוח הרצון של ילדייך לכיוון הנכון, הרחק מאנוכיות ותוצר הלוואי של אומללות," אמר המאסטר לאמא אחת. "אל תגבילי את החופש שלהם או תתנגדי להם שלא לצורך. תני להם את הצעותייך באהבה ומתוך הבנת חשיבות הרצונות הקטנים שלהם עבורם.

אם תענישי אותם במקום לדבר איתם בהיגיון, תאבדי את אמונתם. אם ילד הוא עקשן, תסבירי לו פעם אחת את נקודת מבטך ואז אל תגידי יותר. תני לו לקבל את המכות הקטנות שלו; הן תלמדנה אותו הבחנה מהר יותר מכל מילות ייעוץ."

[בהכשרת משפחת חסידיו הרוחנית, פרמאהנסאג'י פעל על פי עצתו. הוא עזר "לילדים" מכל הגילאים לפתח את כוח הרצון שלהם בצורה הנכונה. הצעותיו ניתנו באהבה ומתוך הבנה מלאה של הצרכים והטבע המיוחדים של כל חסיד. לעיתים רחוקות הוא נזף באדם פעמיים; הוא היה מצביע, פעם אחת, על חולשה כלשהי בחסיד ואז היה שומר על שתיקה לגביה.]

◆ ◆ ◆

"קשה להיות ליד ורד ריחני או בואש בעל ריח רע מבלי להיות מושפע מהם," אמר המאסטר. "לכן עדיף להתחבר רק עם ורדים אנושיים."

◆ ◆ ◆

"אני אוהב את תורתך. אבל האם אתה נוצרי?" השואל דיבר בפעם הראשונה עם פרמאהנסאג'י. הגורו השיב:

"האם ישו לא אמר לנו: 'לא כל האומר לי אדני אדני יבוא אל-מלכות השמים כי אם העושה רצון אבי שבשמים'?*

"בתורה פירוש המושג *גוי* הוא *עובד אלילים*: מי שתשומת הלב שלו מרוכזת לא על אלוהים אלא על האטרקציות של העולם. אדם חומרי יכול ללכת לכנסיה בימי ראשון ועדיין להיות גוי. מי שתמיד

* הבשורה על פי מתי ז':21.

פרמאהנסאג'י עם האורחים אמלה ואודאי שנקר, אמני מחול קלאסי הינדי נכבדים, יחד עם קבוצת הרקדנים והמוזיקאים שלהם; מרכז האשרם של Self- Realization באנסיניטאס, קליפורניה, 1950

שרי יוגאננדה ומושל קליפורניה לשעבר גודווין ג'י. נייט, שהשתתף בחנוכת אולם הודו באשרם של Self- Realization שבהוליווד, 1951

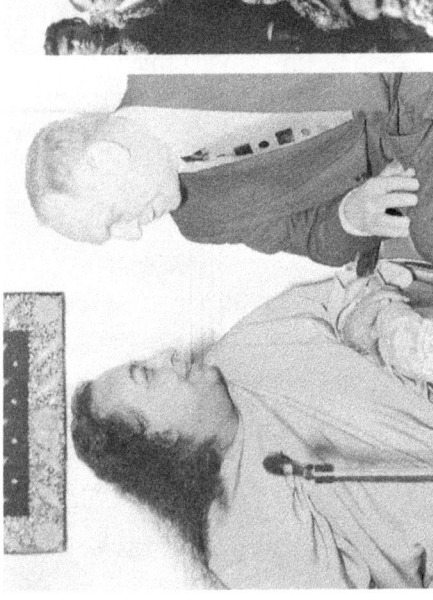

שומר על מנורת הזיכרון של האבא שבשמיים דלוקה ושמקיים את המצוות של ישו הוא נוצרי." הוא הוסיף, "אתה צריך להחליט אם אתה חושב שאני נוצרי או לא."

❖ ❖ ❖

"אתה רואה כמה טוב לעבוד עבור אלוהים," אמר המאסטר לתלמיד מוכן ושקדני. "חוש האגואיזם או האנוכיות בתוכנו הוא מבחן. האם נעמול בחוכמה עבור אבינו שבשמים או בטיפשות עבור עצמנו?
"על ידי ביצוע פעולות ברוח הנכונה, אנו מגיעים להבנה שאלוהים הוא העושה היחיד; כלומר, כל כוח הוא אלוהי ונובע מהמהות היחידה, אלוהים."

❖ ❖ ❖

"החיים הם חלום עצום של אלוהים," אמר המאסטר.
"אם הם רק חלום, מדוע הכאב כל כך אמיתי?" שאל תלמיד.
"ראש חלום שנפגע בקיר חלום גורם לכאב חלום," השיב פרמאהנסאג'י. "חולם אינו מודע למרקם ההזוי של החלום עד שהוא מתעורר. באופן דומה, האדם אינו מבין את טבעו האשלייתי של חלום הבריאה הקוסמי עד שהוא מתעורר באלוהים."

❖ ❖ ❖

המאסטר הדגיש את הצורך בחיים מאוזנים של פעילות ומדיטציה.
"כשאתם עובדים למען אלוהים, לא למענכם," הוא אמר, "זה טוב בדיוק כמו מדיטציה. אז עבודה עוזרת למדיטציה שלכם ומדי־

טציה עוזרת לעבודה שלכם. אתם צריכים איזון. עם מדיטציה בלבד, אתם הופכים לעצלנים. עם פעילות בלבד, המוח נהיה ארצי ואתם שוכחים את אלוהים."

◆ ◆ ◆

"זה יפה לחשוב שאלוהים אוהב את כולנו במידה שווה," אמר מבקר, "אבל זה נראה לא צודק שיהיה לו אכפת באותה מידה מחוטא כמו מקדוש."

"האם יהלום מאבד מערכו רק כי הוא מכוסה בבוץ?" שאל המאסטר. "אלוהים רואה את היופי הבלתי משתנה של הנשמות שלנו. הוא יודע שאנחנו לא הטעויות שלנו."

◆ ◆ ◆

נראה שאנשים רבים מתנגדים לקדמה ומעדיפים מחשבות ופעולות שגרתיות שחוקות היטב.

"אני קורא לאנשים כאלה 'עתיקות פסיכולוגיות,'" אמר המאסטר לתלמידים. "אל תהיו אחד מהם, שמא כשתמותו המלאכים יגידו, 'הו, הנה באה עתיקה! בואו נשלח אותה בחזרה לכדור הארץ!'"*

◆ ◆ ◆

"מה ההבדל בין איש ארצי לאיש רע?" שאל אדם אחד. המאסטר השיב:

"רוב האנשים הם אנשים ארציים; מעטים הם באמת מרושעים.

* ראה *גלגול נשמות* במילון המונחים.

'ארצי' פירושו להיות מטופש, לתת חשיבות לזוטות, ולהתרחק מא־לוהים מתוך בורות. אבל 'רוע' פירושו הפניית הגב לאלוהים בכוונה תחילה; אין רבים שיעשו זאת."

❖ ❖ ❖

תלמיד חדש חשב שאפשר להטמיע את תורתו של המאסטר דרך לימוד מעמיק בלבד, מבלי לתרגל מדיטציה. פרמאהנסאג'י אמר לו:

"תפיסת האמת צריכה לצמוח מבפנים. היא לא יכולה להישתל מבחוץ."

❖ ❖ ❖

"אל תקוננו אם אתם לא רואים אורות או צורות במדיטציה," אמר המאסטר לתלמידים. "כנסו עמוק לתוך תפיסת האושר העילאי; שם תמצאו את נוכחותו האמיתית של אלוהים. אל תחפשו חלק אלא את השלם."

❖ ❖ ❖

תלמיד אחד, שהמאסטר קידש לתוך קריה יוגה, אמר לתלמיד אחר:

"אני לא מתרגל קריה מדי יום. אני מנסה לשמור על זיכרון האושר שהציף אותי בפעם הראשונה שהשתמשתי בטכניקה."

כאשר פרמאהנסאג'י שמע את הסיפור, הוא צחק ואמר:

"הוא כמו אדם רעב שמסרב לאכול ואומר: 'לא, תודה. אני מנסה להחזיק בתחושת הסיפוק שקיבלתי מהארוחה בשבוע שעבר.'"

◆◆◆

"מאסטר, אני אוהבת את כולם," אמרה תלמידה.

"עליך לאהוב רק את אלוהים," השיב פרמאהנסאג'י.

התלמידה פגשה את הגורו מספר שבועות לאחר מכן. הוא שאל אותה, "האם את אוהבת אחרים?"

"אני שומרת את האהבה שלי רק לאלוהים," ענתה התלמידה.

"עליך לאהוב את כולם באותה אהבה."

התלמידה המבולבלת אמרה, "אדוני, מה כוונתך? קודם אמרת שלאהוב את כולם זו טעות; אחר כך אמרת שלא לכלול את כולם זו טעות."

"את נמשכת לאישיות של אנשים; זה מוביל להיקשרות מגבי־לה," הסביר המאסטר. "כאשר באמת תאהבי את אלוהים, את תראי אותו בכל פרצוף, ותדעי מה זה אומר לאהוב את כולם. אנחנו לא צריכים להעריץ את הצורות והאגו, אלא את האל השוכן בכולם. הוא לבדו ממלא את יצוריו בחיים, חינניות וייחודיות."

◆◆◆

תלמיד הביע את רצונו לרצות את המאסטר. פרמאהנסאג'י השיב: "האושר שלי טמון בידיעה שאתה מאושר באלוהים. תהיה מעוגן בו."

◆◆◆

"הכמיהה שלי לאלוהים מאוד חזקה," אמרה תלמידה.

"זוהי הברכה הגדולה ביותר, להרגיש את המשיכה שלו בליבך. זוהי הדרך שלו לומר: 'ארוכות מידי שיחקת בצעצועיי הבריאה שלי. עכשיו אני רוצה אותך איתי. בואי הביתה!'"

✦ ✦ ✦

מספר נזירים ונזירות ממסדר Self-Realization דנו עם פרמאהנסאג'י על היתרונות היחסיים בלבישת הלבוש הנזירי ככלי עזר למציאת אלוהים. המאסטר אמר:

"מה שחשוב זה לא הבגדים שלכם אלא הגישה שלכם. הפכו את ליבכם להרמיטאז', ואת הגלימה שלכם לאהבת האל."

✦ ✦ ✦

בשיח על האיוולות בלשהות בחברה רעה, המאסטר אמר, "קילוף שום או נגיעה בביצה רקובה מותירים ריחות לא נעימים על הידיים, שלאחר מכן דורשים שטיפה רבה."

✦ ✦ ✦

"כל עוד אנו שקועים בתודעת הגוף, אנחנו כמו זרים בארץ רחוקה," אמר המאסטר. "ארץ המולדת שלנו היא נוכחות בכל מקום."

✦ ✦ ✦

קבוצת תלמידים הלכה עם המאסטר במדשאה של ההרמיטאז' באנסיניטאס המשקיף על האוקיינוס. היה מאוד ערפלי וחשוך. מישהו אמר, "כמה קר וקודר!"

"זה דומה לאווירה שעוטפת את האדם החומרני בזמן המוות," אמר המאסטר. "הוא חומק מהעולם הזה אל מה שנראה כערפל כבד. דבר לא ברור לו; ולמשך זמן מה הוא מרגיש אבוד ומפוחד. לאחר מכן, בהתאם לקארמה שלו, או שהוא ממשיך לעולם אסטראלי בהיר כדי

ללמוד שיעורים רוחניים, או שהוא שוקע בתרדמה עד שמגיע הרגע הקארמתי הנכון עבורו להיוולד מחדש בכדור הארץ.

"תודעתו של חסיד, אחד שאוהב את אלוהים, אינה מוטרדת מהמעבר מהעולם הזה לעולם הבא. הוא עובר ללא מאמץ לממלכה של אור, אהבה ואושר."

❖ ❖ ❖

"רוב האנשים שקועים בדברים חומריים," אמר המאסטר. "אם הם בכלל חושבים על אלוהים, זה רק כדי לבקש ממנו כסף או בריאות. לעיתים רחוקות הם מתפללים למתנה העליונה: מראה פניו, מגע ידו המשנה.

"אלוהים יודע את הלך מחשבותינו. הוא אינו מתגלה אלינו עד שלא נכניע בפניו את רצוננו הארצי האחרון; עד שכל אחד מאיתנו יאמר: 'אבא, הדרך אותי והשתלט עלי.'"

❖ ❖ ❖

"לא משנה לאיזה כיוון תסובב מצפן, המחט שלו תמיד תפנה צפונה," אמר המאסטר. "כך גם עם היוגי האמיתי. יכול להיות שהוא שקוע בפעילויות חיצוניות רבות, אבל מוחו תמיד עם אלוהים. ליבו תמיד שר ללא הרף: 'אלוהים שלי, אלוהים שלי, האהוב מכולם!'"

❖ ❖ ❖

"אל תצפו לפריחה רוחנית מידי יום בגן חייכם," אמר המאסטר לקבוצת תלמידים. "האמינו שהאל לו התמסרתם יביא לכם הגשמה אלוהית בזמן המתאים.

"כבר זרעתם את זרע השאיפה האלוהית; השקו אותו בתפילות ובמעשים טובים. הסירו את העשבים השוטים של ספק, חוסר החלטיות ואדישות. כאשר מופיעים נבטים של תפיסות אלוהיות, דאגו להם במסירות. בוקר אחד תראו את פרח ההכרה העצמית."

❖ ❖ ❖

פרמאהנסאג'י נשא שיח בפני קבוצת חסידים. חסיד מסוים, שנראה מרוכז בדבריו של הגורו, אפשר למחשבותיו לנדוד. כשהגיע הזמן לומר לילה טוב, העיר לו פרמאהנסאג'י:
"המוח הוא כמו סוס; טוב לקשור אותו פן יברח."

❖ ❖ ❖

גברים ונשים רבים, שאינם מבינים אמיתות רוחניות, מתנגדים לעזרה שחכם משתוקק להעניק להם. הם דוחים את עצתו בחשדנות. יום אחד פרמאהנסאג'י נאנח:
"אנשים כל כך מיומנים בבורותם!"

❖ ❖ ❖

תלמיד חדש ורציני, שציפה לתוצאות בין לילה כמו בקסם, התאכזב לגלות שאחרי שבוע של מאמץ במדיטציה הוא לא גילה שום סימן לנוכחות האלוהים בתוכו.
"אם אתה לא מוצא את הפנינה בצלילה אחת או שתיים, אל תאשים את האוקיינוס; מצא פגם בצלילה שלך," אמר המאסטר. "עדיין לא צללת מספיק עמוק."

◆ ◆ ◆

"על ידי תרגול מדיטציה," אמר המאסטר, "תגלו שאתם נושאים בליבכם גן עדן נייד."

◆ ◆ ◆

המאסטר היה הכנוע מהכנועים במובנים רבים, אבל בנסיבות מתאימות הוא יכול היה להיות נחרץ. תלמיד מסוים, שראה רק את הצד הרך של פרמאהנסאג'י, החל להזניח את חובותיו. הגורו גער בו בחומרה. כשראה את ההשתאות בעיניו של האיש הצעיר מהמשמעת הבלתי צפויה, אמר המאסטר:
"כאשר אתה שוכח את המטרה הגבוהה שהביאה אותך לכאן, אני זוכר את חובתי הרוחנית לתקן את פגמיך."

◆ ◆ ◆

הגורו הדגיש את הצורך בכנות מלאה עם אלוהים. הוא אמר:
"לא ניתן לשחד את אלוהים על ידי גודל הקהילה בכנסייה, או על ידי עושרה, או על ידי דרשות מתוכננות היטב. אלוהים מבקר רק במזבחים של לבבות שטוהרו בדמעות של מסירות ומוארים בנרות אהבה."

◆ ◆ ◆

חסיד היה לחוץ מכיוון שנראה היה שחסידים אחרים התקדמו רוחנית יותר ממנו. המאסטר אמר:
"אתה נושא את עיניך אל המגש הגדול במקום אל הצלחת שלך,

חושב על מה שלא קיבלת במקום על מה שניתן לך."

❖ ❖ ❖

המאסטר אמר לעיתים קרובות למשפחתו הגדולה של מחפשי אמת:

"האמא האלוהית שלחה לי את כל הנשמות האלה כדי שאוכל לשתות את צוף אהבתה מגביעים של לבבות רבים."

❖ ❖ ❖

מעוניין בהפצת המסר של הגורו, חסיד מסוים היה מתמוגג בכל פעם שהנוכחות בבית התפילה של Self-Realization בהוליווד הייתה גדולה במיוחד. אך פרמאהנסאג'י אמר:

"בעל חנות שם לב באופן קפדני כמה אנשים מבקרים בחנותו. אני לעולם לא חושב ככה על הכנסייה שלנו. אני נהנה מ'המון של נשמות,' כפי שאני אומר לעתים קרובות; אך הידידות שלי ניתנת ללא תנאי לכולם, בין אם הם באים לכאן ובין אם לאו."

❖ ❖ ❖

לחסיד מיואש אמר המאסטר:

"אל תהיה שלילי. לעולם אל תגיד שאתה לא מתקדם. כאשר אתה חושב: 'אני לא יכול למצוא את אלוהים,' אתה בעצמך גזרת את דינך. אף אחד אחר אינו מרחיק את אלוהים ממך."

❖ ❖ ❖

"מאסטר, אמור לי את התפילה שעלי לומר כדי למשוך אלי במהירות המרבית את האהוב האלוהי," אמר חסיד הינדי.
פרמאהנסאג'י השיב:
"תעניק לאלוהים את תפילות האבנים היקרות השוכנות עמוק במכרה ליבך."

❖ ❖ ❖

המאסטר, תמיד נדיב, תמיד נותן את מה שניתן לו, אמר פעם: "אני לא מאמין בצדקה." כאשר ראה את התדהמה בפני חסידיו, הוא הוסיף:
"צדקה משעבדת אנשים. לחלוק את חוכמתך עם אחרים, כדי שהם יוכלו לעזור לעצמם, זה מעשה גדול יותר מכל מתנה חומרית."

❖ ❖ ❖

"ניתן לשנות הרגל רע במהירות," אמר המאסטר לתלמיד שבי־קש את עזרתו.
"הרגל הוא תוצאה של ריכוז המוח. חשבת באופן מסוים. כדי ליצור הרגל חדש וטוב, פשוט תתרכז בכיוון ההפוך."

❖ ❖ ❖

כשלמדתם להיות מאושרים *בהווה*, מצאתם את הדרך הנכונה לאלוהים," אמר המאסטר לקבוצת תלמידים.
"אם כך, מעטים האנשים החיים בהווה," ציין תלמיד.
"נכון," השיב פרמאהנסאג'י. "רובם חיים במחשבות על העבר או העתיד."

✦ ✦ ✦

תלמיד שנתקל באכזבות רבות החל לאבד את האמון באלוהים. אמר לו המאסטר:
"הרגע שבו האמא האלוהית מכה בך הכי חזק הוא הזמן שבו עליך להיצמד בעקשנות לחצאית שלה."

✦ ✦ ✦

בדברו על הרוע שברכילות, המאסטר אמר לקבוצת תלמידים:
"הגורו שלי שרי יוקטשוואר נהג לומר: 'אם זה לא משהו שאני יכול לספר לכולם, אז אני לא רוצה לשמוע.'"

✦ ✦ ✦

"אלוהים ברא גם את האדם וגם את *המאיה*," אמר המאסטר. "מצבי האשליה – כעס, חמדנות, אנוכיות וכן הלאה – הם ההמצאות שלו, לא שלנו. הוא אחראי על תכנון המבחנים במרוץ המכשולים של החיים.

"קדוש גדול בהודו נהג להתפלל: 'אבא שבשמים, לא בקשתי להיברא; אך, מכיוון שיצרת אותי, בבקשה שחרר אותי לרוח האלוהית.' אם תדברו לאלוהים באהבה בדרך הזו, הוא יהיה חייב לקחת אתכם הביתה."

✦ ✦ ✦

"אל תתרשמו משבחים של מכרים שלא מכירים אתכם באמת," אמר המאסטר. "במקום חפשו את דעתם הטובה של חברים אמיתיים

- אלה שעוזרים לכם לשפר את עצמכם ושלעולם לא מתחנפים אליכם או מתעלמים מהמגרעות שלכם. זהו אלוהים שמדריך אתכם דרך הכנות של חברים אמיתיים."

◆ ◆ ◆

שני תלמידים באו יחד למרכז בהר וושינגטון לאימון. התלמידים האחרים העריכו אותם מאוד. אך, תוך זמן קצר, שני התלמידים עזבו. המאסטר אמר לדיירי האשרם:

"התרשמתם מהמעשים שלהם, אבל אני התבוננתי במחשבות שלהם. בפנים הם רצו בפראות, אם כי כלפי חוץ הם פעלו על פי כל הכללים. התנהגות טובה לא מחזיקה מעמד אם לא נוקטים אמצעים מתאימים לטיהור המוח."

◆ ◆ ◆

אדם נמשך עמוקות לפרמאהנסאג'י אך לא פעל לפי המלצתו. המאסטר אמר:

"אני לא יכול שלא להיות מרוצה ממנו; מכיוון, שלמרות שהוא עושה טעויות רבות, ליבו משתוקק לאלוהים. אם הוא היה מרשה לי, הייתי מוביל אותו במהרה אל הבית האלוהי; עם זאת, עם הזמן הוא יגיע לשם. הוא קאדילק שתקועה בבוץ."

◆ ◆ ◆

לתלמיד לא מרוצה, המאסטר אמר:

"אל תפקפק, או שאלוהים יוציא אותך מההרמיטאז'. רבים באים לכאן בחיפוש אחר ניסים. אבל מאסטרים מציגים את הכוחות שא־

לוהים נתן להם רק כאשר הוא מצווה עליהם לעשות זאת. רוב האנ־שים לא מבינים שהנס הגדול מכולם הוא שינוי חייהם על ידי ציות עניו לרצונו."

✦ ✦ ✦

"אלוהים שלח אתכם לכאן למטרה מסוימת," אמר המאסטר. "האם אתם פועלים בהרמוניה עם המטרה הזו? הגעתם לכדור הארץ כדי לבצע משימה אלוהית. הבינו עד כמה זה חשוב! אל תאפשרו לאגו הצר שלכם לחסום את השגת המטרה האינסופית."

✦ ✦ ✦

תלמיד תירץ את חוסר התקדמותו הרוחנית בטענה שהוא מתק־שה להתגבר על מגרעותיו.
בעודו חש אינטואיטיבית סיבה עמוקה יותר, פרמאהנסאג'י אמר:
"לאלוהים לא אכפת מהמגרעות שלך. אכפת לו מהאדישות שלך."

✦ ✦ ✦

כאשר המאסטר עזב את בוסטון בשנת 1923, כדי להתחיל בסיור חוצה יבשות כדי להפיץ את התורה של Self-Realization, אחד מתלמידיו אמר:
"אדוני, אני ארגיש חסר אונים ללא ההדרכה הרוחנית שלך."
המאסטר ענה:
"אל תסמוך עלי. תסמוך על אלוהים."

◆ ◆ ◆

לתלמידים מסוימים, דיירי האשרם, שנהגו לבקר לעיתים קרובות חברים וותיקים בסופי שבוע, אמר המאסטר:

"אתם הופכים להיות חסרי מנוחה ומבזבזים את זמנכם. באתם לפה להכרה אלוהית ועכשיו אתם מרמים את עצמכם בכך שאתם שוכחים את מטרתכם. מדוע לחפש הסחות דעת חיצוניות? מצאו את האל וראו מה פספסתם!"

◆ ◆ ◆

שני תלמידים צעירים היו לעתים קרובות בהרמיטאז' בחברתו אחד של השני. אמר להם המאסטר:

"זה מגביל להיקשר רק לאדם אחד או רק למספר אנשים, ולא לכלול את כולם. הדרך הזו מעכבת את צמיחת האהדה האוניברסלית. עליכם להרחיב את גבולות ממלכת החיבה שלכם. פזרו את אהבתכם בכל מקום, לאלוהים שבכל."

◆ ◆ ◆

כשהסתכל על הכוכבים תוך כדי טיול ערב אחד עם קבוצת תלמידים, המאסטר אמר:

"כל אחד מכם מורכב מהרבה כוכבים זעירים - כוכבים של אטומים! אם כוח החיים שלכם היה משתחרר מן האגו, הייתם מוצאים את עצמכם מודעים ליקום כולו. כאשר חסידים גדולים מתים, הם מרגישים את ההכרה שלהם מתפשטת על פני מרחב אינסופי. זוהי חוויה יפהפייה."

לקהילה של בית התפילה של Self-Realization בסאן דייגו, אמר המאסטר:

"תנו לכנסייה להזכיר לכם את הקתדרלה שלכם בתוככם, לאן שעליכם ללכת באישון לילה ועם שחר. שם תוכלו להאזין לאורגן המוזיקה האדיר של *האום* ולשמוע בו את דרשת החוכמה האלוהית."

✦ ✦ ✦

ערב אחד כשישב ושוחח עם התלמידים, אמר המאסטר:

"רכוש חסר משמעות בשבילי, אבל חברות יקרה לי מאוד. בח־ברות אמיתית מקבלים הצצה לחבר של כל החברים." לאחר הפסקה, הוא המשיך, "לעולם אל תשקרו לחבר ואל תבגדו באף אחד. לנהוג כך זה אחד החטאים הגדולים ביותר בפני בית הדין האלוהי."

✦ ✦ ✦

פרמאהנסאג'י עמד לעזוב את המרכז בהר וושינגטון כדי לתת הרצאה, אך הוא עצר למספר דקות כדי לדבר עם אחת התלמידות. המאסטר אמר:

"זה רעיון טוב לנהל יומן מנטלי. לפני שאת הולכת לישון כל לילה, שבי לזמן קצר וסקרי את היום. בחני למה את הופכת להיות. האם את אוהבת את מגמת חייך? אם לא, תשני אותה."

✦ ✦ ✦

המאסטר קיבל במתנה טלוויזיה. התקינו אותה בחדר בו כל הת־

פרמאהנסה יוגאננדה נואם בחנוכת לייק שריין של Self-Realization ומזכרת השלום העולמי לגנדהי, פאסיפיק פאליסאדס, קליפורניה, 1950

למידים יוכלו להשתמש בה. הם הלכו לשם לעיתים כל כך תכופות שהמאסטר אמר להם:

"כל עוד לא מצאתם את אלוהים, עדיף לא להתעניין בשעשועים. חיפוש הסחות דעת משמעו לשכוח אותו. קודם כל למדו לאהוב אותו ולהכיר אותו. אז זה לא ישנה מה תעשו, מכיוון שהוא לעולם לא יעזוב את מחשבותיכם."

◆◆◆

"התפנקות בהנאות חושיות מובילה לשובע וגועל," אמר המאסטר. "החוויות הדואליות התמידיות הללו גורמות לאדם להיות נתון למצבי רוח ובלתי מהימן. *מאיה* או מצב האשליה מאופיין על ידי זוגות ההפכים. באמצעות מדיטציה על אלוהים, האחדות היחידה, החסיד מגרש ממוחו את הגלים המתחלפים של הנאות וכאב."

◆◆◆

"מאסטר, כשאהיה מבוגר יותר ואראה יותר מהחיים, אפרוש מהכל ואחפש את אלוהים. כרגע יש יותר מידי שאני רוצה לדעת ולחוות," אמר תלמיד.

לאחר שהוא עזב את ההרמיטאז', פרמאהנסאג'י העיר:

"הוא עדיין מאמין שסקס זה אהבה וש'דברים' הם עושר. הוא יהיה כמו האיש שאשתו עזבה אותו וביתו נשרף. בהרהורו על אובדנו, האיש מחליט 'לוותר על הכל.' אלוהים לא מתרשם יותר מידי מ'ויתור' שכזה. התלמיד שזה עתה נטש את הכשרתו כאן לא יהיה מוכן 'לוותר על הכל' עד שלא יישאר לו דבר אחד חומרי לוותר עליו!"

◆◆◆

"זה לא מרגיש מעשי לחשוב על אלוהים כל הזמן," העיר מבקר. המאסטר ענה:

"העולם מסכים איתך, והאם העולם הוא מקום מאושר? אושר אמיתי חומק מהאדם הנוטש את אלוהים, מכיוון *שהוא* האושר עצמו. עלי אדמות, חסידיו חיים בגן עדן פנימי של שלום; אך אלו ששוכחים אותו מעבירים את ימיהם בגיהינום של חוסר ביטחון ואכזבה פרי ידיהם. 'להתיידד' עם אלוהים משמעו להיות ממש מעשי!"

◆ ◆ ◆

פרמאהנסאג'י ביקש מתלמיד מסוים לעשות עבודה כלשהי ברטריט של Self-Realization במדבר. התלמיד הלך באי רצון, דואג לגבי מטלות שהותיר אחריו במרכז בהר וושינגטון.

"העבודה החדשה שלך ברטריט במדבר צריכה להיות דאגתך היחידה עכשיו," אמר לו המאסטר. "אל תרגיש היקשרות לדבר. קבל שינויים בשוויון נפש, ובצע ברוח של חופש אלוהי את כל המטלות שבאות בדרכך.

"אם אלוהים היה אומר לי היום: בוא הביתה! בלי להניד עפעף הייתי עוזב את כל חובותיי כאן - ארגון, בניינים, תוכניות, אנשים - וממהר לציית לו. ניהול העולם זוהי האחריות שלו. הוא העושה, לא אתה או אני."*

◆ ◆ ◆

"גורוג'י," שאל חסיד, "אם היית יכול להחזיר את הזמן אחורה לנקודה בה המאסטר שלך ביקש ממך לקחת על עצמך עבודה ארגונית,

* ראה *אגו* במילון המונחים.

האם היית מסכים בשמחה – ביודעך מה שאתה יודע עכשיו לגבי נטל האחריות על אנשים רבים אחרים?"

המאסטר השיב:

"כן, עבודה כזו מלמדת חוסר אנוכיות."

◆ ◆ ◆

פרמאהנסאג'י נשאל לעיתים קרובות את השאלה עתיקת היומין מדוע אלוהים מתיר סבל. בסבלנות הוא הסביר:

"הסבל נגרם עקב שימוש לרעה ברצון החופשי. אלוהים נתן לנו את היכולת לקבל אותו או לדחות אותו. הוא לא רוצה שנתקל בצרות, אבל הוא לא יתערב כאשר אנו בוחרים במעשים שמובילים לאומללות.

"אנשים אינם מקשיבים לחוכמת הקדושים, אלא מצפים לנסיבות יוצאות דופן או ניסים שיצילו אותם כאשר הם נקלעים לצרות. אלוהים יכול לעשות הכל; אבל הוא יודע שאהבת האדם והתנהגותו הנאותה אינם יכולים להיקנות בניסים.

"אלוהים שלח אותנו החוצה כילדיו, ובתפקיד האלוהי הזה עלינו לחזור אליו. הדרך היחידה לאיחוד היא על ידי שימוש בכוח הרצון שלנו. שום כוח אחר על פני האדמה או בשמיים אינו יכול לעשות זאת עבורנו. אך כאשר אתם קוראים קריאת נשמה אמיתית, אלוהים שולח לכם גורו שיוביל אתכם משממת הכאב לבית אושרו הנצחי.

"אלוהים נתן לכם רצון חופשי, ולכן הוא לא יכול לפעול כדיקטטור. למרות שהוא כוח כל יכול, כאשר אתם בוחרים בדרך של מעשים רעים, הוא לא מארגן לכך שתהיו פטורים מסבל. האם זה צודק לצפות ממנו להסיר את עולכם אם מחשבותיכם ומעשיכם מנוגדים לחוקיו? בקיום הקוד האתי שלו, כפי שנתן בעשרת הדברות, טמון סוד האושר."

◆ ◆ ◆

פרמאהנסאג'י הזהיר לעתים קרובות את תלמידיו מפני הסכנה בעצלנות רוחנית. "הדקות חשובות יותר מהשנים," הוא נהג לומר. "אם לא תמלאו את דקות חייכם במחשבות על אלוהים, השנים יחלפו; וכשתזדקקו לו יותר מכל, ייתכן שלא תוכלו לחוש בנוכחותו. אך אם תמלאו את דקות חייכם בשאיפות אלוהיות, באופן אוטומטי השנים יהיו רוויות בהן."

◆ ◆ ◆

בהודו העתיקה המונח *גורו* חל רק על מאסטרים דמויי משיח שהיו מסוגלים להעביר מימוש אלוהי לתלמידים. בשמירה על צווי כתבי הקודש, על ידי ציות מלא להכשרתו של המורה הקדוש, התלמידים הפכו את עצמם לקליטים רוחנית. אנשים מהמערב לפעמים התנגדו לכניעה מרצון של החירות האישית לרצונו של אחר, אך המאסטר אמר:

"כשאדם מוצא את הגורו שלו עליו להיות מסור אליו ללא תנאי, מכיוון שהוא כלי האלוהים. מטרתו היחידה של הגורו היא להביא את התלמיד להכרה עצמית; האהבה שהגורו מקבל מהתלמיד ניתנת על ידי הגורו לאלוהים. כאשר מורה רוחני מוצא תלמיד שמכוונן אליו, הוא יכול ללמד אותו מהר יותר מאשר שהוא יכול ללמד תלמיד שמתנגד לו.

"אני לא המנהיג שלכם אלא המשרת שלכם. אני כעפר לרגליכם. אני רואה את אלוהים מיוצג בכם ואני משתחווה לכולכם. אני רק רוצה לספר לכם על האושר האדיר שאני חש בו. אין לי שאיפות אישיות, אך יש לי את השאיפה הגדולה ביותר; לחלוק את האושר הרוחני שלי עם כל עמיי כדור הארץ."

◆ ◆ ◆

בשיחה עם תושבי האשרם, אמר שרי יוגאננדה: "בחיים הרוחניים אדם הופך להיות ממש כמו ילד קטן – ללא טינה, ללא היקשרות, מלא חיים ואושר. אל תתנו לשום דבר לפגוע או להפריע לכם. היו דוממים מבפנים, קשובים לקול האלוהי. תבלו את שעות הפנאי שלכם במדיטציה.

"מעולם לא חוויתי שום הנאה ארצית גדולה מהאושר הרוחני של *קריה יוגה*. לא הייתי מוותר על זה עבור כל הנוחות של המערב או כל הזהב שבעולם. מצאתי שזה אפשרי דרך *קריה יוגה* לשאת את אושרי תמיד עימי."

❖ ❖ ❖

המאסטר צייר הרבה תמונות מילוליות בלתי נשכחות כדי לה־מחיש נקודה רוחנית. "כך הם החיים," הוא ציין פעם. "אתה מכין פיקניק ופתאום מופיע דוב והופך את השולחן ואתה נאלץ לברוח. אנשים מנהלים את חייהם בצורה זו: הם עובדים בשביל מעט אושר וביטחון; ואז דוב המחלה מגיע, ליבם נעצר, והם מתים.

"מדוע לחיות במצב כזה של חוסר ודאות? דברים טפלים בחייכם תפסו מקום ראשון. אתם מאפשרים לפעילויות שונות לנהל את זמ־נכם ולשעבד אתכם. כמה שנים כבר חלפו בצורה שכזו? מדוע לתת לשארית החיים לחמוק בלי התקדמות רוחנית? אם תחליטו היום שלא תתנו למכשולים להרתיע אתכם, יינתן לכם הכוח להתגבר עליהם."

❖ ❖ ❖

"אדם עצלן לעולם אינו מוצא את אלוהים," אמר המאס־טר. "מוח עצל הופך להיות לבית המלאכה של השטן. ראיתי הרבה סניאסים [נזירים] שפרשו מעבודה והפכו ללא יותר מקבצנים. אך אנשים שעובדים למחייתם ללא כל משאלה לפרי הפעולה, שרוצים

את אלוהים בלבד, הם סניאסים אמיתיים. קשה מאוד לתרגל פרישות שכזו, אך כשאתה אוהב את אלוהים עד כדי כך שכל מה שאתה עושה זה רק כדי לרצות אותו, אתה חופשי.

"במחשבה: 'אני עובד רק למען אלוהים,' אהבתך נהיית כה גדו־לה שאין לך אף מחשבה אחרת בראש, אף מטרה אחרת, מלשרת ולה־עריץ אותו."

◆ ◆ ◆

"ראו את מזבח האלוהים בכוכבים, מתחת לאדמה, ומאחורי פעימת רגשותיכם," אמר המאסטר. "הוא, המציאות הנשכחת, חבוי בכל מקום. אם תלכו בדרך איתנה ותעשו מדיטציה באופן קבוע אתם תראו אותו בגלימה מוזהבת של אור שמתפשטת לכל אורך הנצח. מאחורי כל מחשבה תחושו את נוכחותו המאושרת.

"אלוהים הוא לא רק בשביל לדבר עליו. רבים דיברו עליו; רבים תהו לגביו; רבים קראו עליו. אך מעטים טעמו את אושרו. רק המעטים האלה מכירים אותו. וכאשר אתה מכיר אותו, אינך עומד עוד מהצד וסוגד לו; אתה הופך לאחד איתו. אז, כפי שאמרו ישו וכל המאסטרים האחרים, גם אתם תוכלו לומר: 'אני והאב אחד.'"

◆ ◆ ◆

המאסטר אמר: "על ידי צלילה עמוקה דרך העין הרוחנית* שלכם תראו לתוך הממד הרביעי**, זוהר בנפלאות העולם הפנימי. קשה להגיע לשם, אבל כמה שזה יפה!

* ראה מילון המונחים.

** ראה *עולם אסטראלי* במילון המונחים.

"אל תסתפקו במעט שלווה שנובעת מהמדיטציה שלכם, אלא היו רעבים שוב ושוב לאושר העילאי שלו. יום ולילה, בזמן שאחרים ישנים או מבזבזים את האנרגיה שלהם במילוי תשוקות, עליכם ללחוש, 'אלוהי, אלוהי, אלוהי!' ועם הזמן הוא יפרוץ דרך החשכה ואתם תדעו אותו. העולם הזה הוא מקום מכוער בהשוואה לממלכת הרוח האלוהית היפה. הסירו את המכשולים מפני ראייה אלוהית על ידי נחישות, מסירות ואמונה."

◆ ◆ ◆

"בחג המולד ישנם רטטים חזקים של הכרה משיחית באוויר," אמר המאסטר. "אלה שמכוונים דרך המסירות שלהם ועל ידי מדיטציה מדעית עמוקה יקבלו את הרטטים האלוהיים. חשיבות רוחנית עליונה קיימת לכל אדם, ללא קשר לדתו, שיחווה בתוכו את 'הלידה' של המשיח האוניברסלי.

"היקום הוא גופו. בכל מקום בו ההכרה המשיחית נוכחת. כאשר אתם יכולים לעצום את עינכם ועל ידי מדיטציה להרחיב את המודעות שלכם עד שאתם מרגישים את היקום כולו כגופכם, אז המשיח ייוולד בתוככם. כל ענני הבורות יתפוגגו כאשר תראו, מאחורי חשכת העיניים העצומות, את האור הקוסמי האלוהי.

"יש לסגוד למשיח באמת: ראשית ברוח, על ידי מדיטציה; שנית בצורה, על ידי תפיסת הנוכחות שלו אפילו בתוך העולם החומרי. עליכם לעשות מדיטציה על המשמעות האמיתית של ביאת המשיח, ולהרגיש את ההכרה שלו נמשכת לתוככם על ידי מגנט המסירות שלכם. זו המטרה האמיתית של חג המולד."

◆ ◆ ◆

איזון היא מילת מפתח בתורתו של פרמאהנסאג'י. "אם תתרגלו מדיטציה עמוקה, המוח שלכם יפנה יותר בעוצמה לאלוהים," הוא אמר. "יחד עם זאת, אל תזניחו את חובותיכם בעולם. ככל שתלמדו לבצע את כל המשימות שלכם בראש שקט תוכלו לעשות דברים מהר יותר, בריכוז וביעילות רבים יותר. אז תגלו שלא משנה מה תעשו, הפעילויות שלכם יהיו חדורות בתודעה האלוהית. המצב הזה מגיע רק לאחר שתרגלתם מדיטציה עמוקה והשלטתם משמעת על מוחכם לחזור לאלוהים ברגע שבצעתם את חובותיכם, ועל ידי ביצוען מתוך מחשבה שאתם משרתים אותו בלבד."

❖ ❖ ❖

"תשובה אין פירושה רק להצטער על מעשה רע אלא גם להימנע מלבצע את המעשה שוב," המאסטר אמר. "כשאתם מצטערים באמת, אתם מחליטים לנטוש את הרוע. הלב לעיתים קרובות קשה מאוד; לא ניתן להזיז אותו בקלות. תרככו אותו על ידי תפילה. אז באה הברכה האלוהית."

❖ ❖ ❖

"היו מודרכים על ידי חוכמה," אמר המאסטר. "מעשיי עבר שגויים הותירו זרעים במוחכם. אם תציתו את הזרעים על ידי חוכמה הם 'יצלו' ויהיו לא יעילים. אתם לא יכולים להשיג חירות עד שלא שרפתם את זרעי מעשיי העבר באש החוכמה והמדיטציה. אם אתם רוצים להרוס את ההשפעות הרעות של מעשיי העבר, עשו מדיטציה. מה שעשיתם אתם יכולים לבטל. אם אינכם גדלים רוחנית, למרות הניסיונות, עליכם לנסות שוב ושוב. כאשר המאמצים שלכם כיום יגברו על הקארמה של מעשיי העבר, תהיו חופשים."

◆ ◆ ◆

במהלך הרצאה פרמאהנסאג׳י אמר: ״ישו אמר לכל אחד מאיתנו ׳ואהבת לרעך כמוך.׳ אך ללא ידיעת הנשמה, שדרכה אתה מבין שכולם הם אכן ׳כמוך,׳ אינך יכול למלא אחר מצוות המשיח. בשבילי אין הבדל בין אנשים, מכיוון שאני רואה כל אחד כילדו של אלוהים. אני לא יכול לחשוב על אף אחד כזר.

״פעם אחת בעיר ניו יורק שלושה גברים הקיפו אותי. אמרתי: ׳אתם רוצים כסף? קחו,׳ והושטתי את ארנקי. הייתי במצב מודעות-על. הגברים לא לקחו את הארנק. לבסוף אחד מהם אמר:

״׳תסלח לנו. איננו יכולים לעשות זאת.׳ הם ברחו.

״בלילה אחר בניו יורק, ליד קרנגי הול היכן שבדיוק הרצאתי, ניגש אלי אדם עם אקדח. הוא אמר:

״׳אתה יודע שאני יכול לירות בך?׳

״׳מדוע?׳ שאלתי ברוגע. מוחי היה על אלוהים.

״׳אתה מדבר על דמוקרטיה.׳ ברור שהוא היה אדם מעורער בנפשו. עמדנו בדממה זמן מה, ואז הוא אמר:

״׳תסלח לי. לקחת ממני את הרוע שלי.׳ הוא רץ במורד הרחוב במהירות כמו אייל.

״אלה שמכוונים לאלוהים יכולים לשנות את הלבבות של אנשים.״

◆ ◆ ◆

״לומר שהעולם הוא חלום, מבלי לנסות להשיג במדיטציה את החוויה הממשית של אמת זו, עלול להוביל לפנטזיות,״ אמר המאסטר. ״האדם החכם מבין שלמרות שחיי תמותה הם חלום, הם כוללים כאבי חלום. הוא מאמץ שיטות מדעיות כדי להתעורר מהחלום.״

המטה הראשי של
Self-Realization /Yogoda Satsanga society
על הר וושינגטון, לוס אנג'לס, קליפורניה

◆ ◆ ◆

כאשר בית התפילה של Self-Realization Fellowship עוצב מחדש, תלמיד הציע שגומחה תחזיק מנורת קודש, המכונה "נר תמיד," שפרמאהנסאג'י ידליק.

המאסטר אמר, "הייתי רוצה להרגיש שמנורת המסירות לא־לוהים שהדלקתי בליבכם היא נצחית. אין צורך באור אחר."

◆ ◆ ◆

במהלך שנת 1951 פרמאהנסאג'י רמז לעיתים קרובות שימיו הנותרים על פני כדור הארץ ספורים.

"אדוני," שאל תלמיד במצוקה, "כאשר לא נוכל לראות אותך יותר, האם תהיה קרוב כפי שאתה עכשיו?"

המאסטר חייך באהבה ואמר:

"לאלו שיחשבו אותי קרוב, אהיה קרוב."

אודות המחבר

"אידיאל אהבת האל ושרות האנושות בא לידי ביטוי מלא בחייו של פרמאהנסה יוגאננדה ... למרות שמרבית חייו עברו עליו מחוץ לגבולות הודו, שמור לו מקום של כבוד בקרב קדושיה הגדולים. פועלו ממשיך להתפתח ולהאיר ביתר שאת, ולקרב אנשים מכל העולם לנתיב המסע הרוחני."

במילים אלו, ממשלת הודו הוקירה את מייסד Self-Realization Fellowhsip/Yogoda Satsanga Society of India בעת הנפקת בול זיכרון לכבודו, ב-7 במרץ 1977, ביום השנה העשרים וחמישה למהסמאדהי שלו.

פרמאהנסה יוגאננדה הגיע לארצות הברית בשנת 1920 כנציג הודו בקונגרס הבינלאומי של דתיים ליברליים בבוסטון. בשנת 1925 הוא הקים בלוס אנג'לס את המטה הבינלאומי של Self-Realization Fellowship ומשם מופצים שיעורי Self-Realization על מדע מדיטציית קריה יוגה ואומנות החיים הרוחניים, הזמינים לתלמידים ברחבי העולם. שיעורים אלה שמים דגש על התפתחות מאוזנת של הגוף, המוח והנשמה, ומטרתם לאפשר חוויה ישירה ואישית של האל.

"פרמאהנסה יוגאננדה הביא למערב לא רק את ההבטחה הנצחית של הודו להכרת אלוהים, אלא גם שיטה מעשית שבאמצעותה מחפשי דרך רוחניים מכל תחומי החיים יכולים להתקדם במהירות לעבר המטרה הזו," כתב קווינסי האו ג'וניור, פרופסור לשפות קדומות במכללת סקריפס. "המורשת הרוחנית של הודו, שהייתה במקור מוערכת במערב ברמה הנעלה והמופשטת בלבד, כיום, נגישה כתרגול וחוויה לכל מי ששואף לדעת את אלוהים, לא במעבר, אלא כאן ועכשיו ... יוגאננדה הניח בהישג יד את שיטות ההתבוננות הנעלות ביותר."

כיום פועלו הרוחני וההומניטרי ממשיך בניהולו של האח צ'ידאננדה, נשיא Self-Realization Fellowship/Yogoda Satsanga של הודו. חייו ותורתו של פרמאהנסה יוגאננדה מתוארים בספרו "אוטוביוגרפיה של יוגי".

סרט דוקומנטרי עטור פרסים על חייו ומפעלו של פרמאהנסה יוגאננדה, Awake: The Life of Yogananda יצא למסכים באוקטובר 2014.

פרמאהנסה יוגאננדה:
יוגי בחייו ובמותו

פרמאהנסה יוגאננדה נכנס למהסמאדהי (עזיבתו המודעת של יוגי את גופו לצמיתות) בלוס אנג'לס, קליפורניה, ב-7 למרץ 1952, בתום נאום שנשא בנשף שנערך לכבוד הוד מעלתו בינאי ר. סן, שגריר הודו.

המורה המוערך בעולם כולו הדגים את ערכה של היוגה (טכניקה מדעית להכרת האל) לא רק בחייו אלא גם במותו. שבועות לאחר פטירתו, פניו המשיכו לקרון בחיות וברעננות בלתי משתנות.

מר הארי ט. רואו, מנהל בית העלמין פורסט לואן בלוס אנג'לס (שם הופקדה גופתו של המאסטר הגדול באופן זמני) שלח ל-SRF מכתב באישור נוטריוני, שממנו נלקח הציטוט הבא:

"היעדר סימני רקבון נראים לעין בגופתו של פרמאהנסה יוגאננדה הינו יוצא דופן בתכלית למיטב ניסיוננו...גם עשרים יום לאחר המוות לא ניכרו בגופה סימני התפוררות ... לא ניתן להבחין בסימני עובש על העור, ולא בצפידה (התייבשות) של רקמות הגוף. ככל הידוע לנו, השתמרות מושלמת כזו של גוף הנה חסרת תקדים בדברי ימי הקברנות ... בעת קבלת גופתו של יוגאננדה ציפו עובדי בית העלמין להבחין, מבעד לזכוכית מכסה הארון, בסימנים אופייניים לריקבון מתקדם. תדהמתנו גברה ביום המחרת, כשלא ניכר בגופה כל סימן לשינוי. גופתו של יוגאננדה מתאפיינת, כפי הנראה, בעמידות פנומנלית בפני השחתה ...

"הגופה לא הפיצה כל ריח ... והופעתו החיצונית של יוגאננדה ב-27 במרץ, עת הונח במקומו מכסה הברונזה של הארון, נותרה כפי שהייתה ב-7 במרץ. הוא נראה ב-27 במרץ רענן ונטול סימני ריקבון

כשם שנראה בערב מותו. ב־27 במרץ לא היה מקום לומר שגופתו התפוררה או נשחתה בכל מובן שהוא. מסיבות אלו אנו מצהירים שוב שמקרהו של פרמאהנסה יוגאננדה הינו ייחודי למיטב ניסיוננו."

מקורות נוספים לטכניקת הקריה יוגה של פרמאהנסה יוגאננדה

SRF שמה לה למטרה לסייע, ללא תמורה, למחפשי דרך מכל העולם. למידע נוסף על הרצאות, שיעורים שנתיים, מדיטציות וטקסים הנערכים במקדשים ובמרכזים השונים ברחבי העולם, וכן ללוח זמנים של סדנאות ופעילויות נוספות, אנא בקרו באתר המטה הבינלאומי שלנו:

www.yogananda.org

Self-Realization Fellowship
3880 San Rafael Avenue
Los Angeles, CA 90065-3219
+1 (323) 225-2471

שיעורי
Self-Realization Fellowship

הדרכה והוראה אישית מאת פרמאהנסה
יוגאננדה על טכניקות מדיטציית יוגה
ועקרונות לחיים רוחניים

אם אתה מרגיש נמשך לאמיתות הרוחניות המתוארות *באמרות*
מאת פרמאהנסה יוגאננדה, אנו מזמינים אותך להירשם לשיעורים של
Self-Realization Fellowship.

פרמאהנסה יוגאננדה ייסד את הלימוד הסדרתי הביתי הזה כדי
להעניק למחפשים כנים את ההזדמנות ללמוד ולתרגל את טכניקות
מדיטציות היוגה העתיקות שהביא למערב - כולל את מדע *הקריה*
יוגה. *השיעורים* מציגים גם את הדרכתו המעשית להשגת בריאות
פיזית, מנטלית ורוחנית מאוזנת.

שיעורי *Self-Realization Fellowship* זמינים במחיר סמלי
(לכיסוי הוצאות הדפסה ומשלוח). התלמידים מקבלים הדרכה אישית
ללא תשלום לתרגול שלהם מנזירים ונזירות של Self-Realization
Fellowship.

למידע נוסף...

כדי לבקש את חבילת המידע המורחבת על השיעורים הניתנת
בחינם, אנא בקרו באתר www.srflessons.org

מטרות ואידאלים
של
Self-Realization Fellowship

כפי שנקבעו על ידי פרמאהנסה יוגאננדה, מייסד
אח צ׳ידאננדה, נשיא

לידע את האומות בטכניקות המדעיות המדויקות להשגת חוויה אישית ישירה של האל.

ללמד שמטרת החיים הינה לקדם, דרך מאמץ אישי, את מודעותו המוגבלת של בן התמותה למודעות אלוהית, להקים לשם כך מקדשי SRF לאיחוד עם האל ברחבי העולם, ולעודד הקמת מקדשים פרטיים בבתי בני האדם ובליבם.

לחשוף את האחדות וההרמוניה המוחלטת השוררות בין הנצרות המקורית כפי שהורה אותה ישו לבין היוגה המקורית שהורה בהגוואן קרישנה, ולהראות שאמיתות אלו עומדות בבסיס המדעי של כל האמונות.

להורות את דרך המלך השמיימית אליה מוליכים בסופו של דבר נתיבי כל אמונות האמת: דרך המלך של מדיטציה יומיומית, מדעית ודבקה באל.

לשחרר את האדם מסבלו המשולש: מחלות הגוף, תלאובות הנפש, ובורות רוחנית.

לעודד ״חיים פשוטים וחשיבה נעלה״ ולהפיץ אחווה בין בני האדם דרך לימוד הבסיס הנצחי של אחדותם: אחווה עם האל.

להוכיח את עליונות המוח על הגוף, והנשמה על המוח.

לגבור על הרע באמצעות טוב, על הצער באמצעות שמחה, על אכזריות באמצעות נדיבות, על בורות באמצעות חוכמה.

לאחד בין המדע לדת דרך הכרת האחדות המשותפת לעקרונותיהם.
לעודד שיתוף פעולה תרבותי ורוחני בין מזרח למערב וחילופי מאפיינים חיוביים.
לשרת את האנושות כביטוי מורחב של האני.

ספרים בעברית
מאת
פרמאהנסה יוגאננדה

ניתנים לרכישה ב www.srfbooks.org
ובחנויות ספרים מקוונות נוספות

אוטוביוגרפיה של יוגי

חוק ההצלחה

מדיטציות מטאפיזיות

מדע הדת

אמרות מאת פרמאהנסה יוגאננדה

ספרים באנגלית מאת
פרמאהנסה יוגאננדה

Autobiography of a Yogi

God Talks With Arjuna: The Bhagavad Gita
– *A New Translation and Commentary*

The Second Coming of Christ:
The Resurrection of the Christ Within You
– A Revelatory Commentary on the Original Teachings of Jesus

The Yoga of the Bhagavad Gita

The Yoga of Jesus

The Collected Talks and Essays
Volume I: **Man's Eternal Quest**

Volume II: **The Divine Romance**

Volume III: **Journey to Self-realization**

Wine of the Mystic: The Rubaiyat of Omar Khayyam
– *A Spiritual Interpretation*

Songs of the Soul

Whispers from Eternity

Scientific Healing Affirmations

In the Sanctuary of the Soul
A Guide to Effective Prayer

The Science of Religion

Metaphysical Meditations

Where There Is Light
–Insight and Inspiration for Meeting Life's Challenge

Sayings of Paramahansa Yogananda

Inner Peace:
How to Be Calmly Active and Actively Calm

Living Fearlessly
–Bringing Out Your Inner Soul Strength

The Law of Success

How You Can Talk With God

Why God Permits Evil and How to Rise Above It

To Be Victorious in Life

Cosmic Chants

הקלטות של
פרמאהנסה יוגאנגדה

Beholding the One in All

The Great Light of God

Songs of My Heart

To Make Heaven on Earth

Removing All Sorrow and Suffering

Follow the Path of Christ, Krishna, and the Masters

Awake in the Cosmic Dream

Be a Smile Millionaire

One Life Versus Reincarnation

In the Glory of the Spirit

Self-Realization: The Inner and the Outer Path

פרסומים אחרים מאת
Self-Realization Fellowship

The Holy Science
– Swami Sri Yukteswar

Only Love:
Living the Spiritual Life in a Changing World
– Sri Daya Mata

Finding the Joy Within You:
Personal Counsel for God-Centered Living
– Sri Daya Mata

Intuition:
Soul Guidance for Life's Decision
– Sri Daya Mata

God Alone:
The Life and Letters of a Saint
– Sri Gyanamata

"Mejda":
The Family and the Early Life of Paramahansa Yogananda
– Sananda Lal Ghosh

Self-Realization
(A magazine founded by Paramahansa Yogananda in 1925)

DVD וידיאו

Awake: The Life of Yogananda
A film by CounterPoint Films

קטלוג שלם של ספרים וקלטות אודיו/וידיאו - כולל קלטות ארכיון
של פרמאהנסה יוגאננדה- זמין
ב www.srfbooks.org

SELF-REALIZATION FELLOWSHIP
3880 San Rafael Avenue • Los Angeles, CA 90065-3219
Tel +1 (323) 225-2471 • Fax +1 (323) 225-5088
www.yogananda.org

מילון מונחים

אגו: עקרון האגו, אהמקרה (ahamkara) (מילולית "אני עושה"), נמצא בשורש הדואליזם או ההפרדה לכאורה שבין האדם לבוראו. אהמקרה גורמת לבני האדם להיות מוטים על ידי המאיה שבה הסובייקט (אגו) מופיע באופן שקרי כאובייקט; והברואים מדמיינים שהם הבוראים.

על ידי גירוש תודעת האגו, אדם מתעורר לזהותו האלוהית, לאחדותו עם החיים היחידים, אלוהים.

אום: בסיס כל הצלילים; המילה הסימבולית האוניברסלית לאלוהים. ה*אום* של הוודות הפך למילה הקדושה *הום* של הטיבטים; *אמין* של המוסלמים; ו*אמן* למצרים, יוונים, רומנים, יהודים ונוצרים. משמעות המילה אמן בעברית היא *ודאי*, *אמיתי*. *אום* הוא הקול השורר-בכל הנובע מרוח הקודש (רטט קוסמי בלתי נראה; אלוהים בהיבטו של הבורא); "הדבר" של הברית החדשה; קול הבריאה, המעיד על הנוכחות האלוהית בכל אטום. ניתן לשמוע את ה*אום* דרך תרגול שיטות המדיטציה של Self-Realization Fellowship.

"כה אמר האמן העד הנאמן והאמיתי ראשית בריאת האלוהים." - חזון יוחנן פרק ג:14. "בראשית היה הדבר, והדבר היה עם האלוהים, ואלוהים היה הדבר... הכל נהיה על-ידו [הדבר או *אום*] ומבלעדיו לא נהיה כל אשר נהיה" (הבשורה על פי יוחנן פרק א: 1-3).

אינטואיציה: ה"חוש השישי"; תפיסת ידע הנובעת מיידית ובאופן ספונטני מהנשמה ולא מההיגיון או ממתווכי החושים הבלתי אמינים.

אסטראלי (העולם האסטראלי): העולמות העליונים היפים של אור ושמחה שאליהם מגיעים אנשים עם מידה של הבנה רוחנית להמשך התפתחות לאחר המוות. אפילו גבוה יותר הוא המישור הסיבתי או הרעיוני. העולמות האלו מתוארים בפרק 43 ב*אוטוביוגרפיה של יוגי*.

אשליה: ראה *מאיה*.

באבאג'י: הגורו של לאהירי מהאסייה (הגורו של סוואמי שרי יוקטשוואר, שבתורו היה הגורו של פרמאהנסה יוגאננדה). באבאג'י הוא האווטאר האלמותי, החי בסתר בהרי ההימלאיה. שם התואר שלו הוא "מהאווטאר" (Mahavatar) או "התגלמות אלוהית." הצצות לחייו המשיחיים ניתנות ב*אוטוביוגרפיה של יוגי* מאת פרמאהנסה יוגאננדה.

בהגווד גיטה ("שירת האל"): התורה ההינדית: אמירות קדושות של האל קרישנה שנאספו לפני אלפי שנים על ידי החכם ויאסה. ראה *קרישנה*.

גורו: המורה הרוחני שמוביל את התלמיד לאלוהים. המונח "גורו" שונה מהמונח "מורה," מכיוון שאדם יכול שיהיו לו מורים רבים, אך יכול להיות לו רק גורו אחד.

ג'י: סיומת שנהוג להוסיף לשמות בהודו כאות כבוד. לכן, פרמאהנסה יוגאננדה לעיתים מיוחס בספר זה כפרמאהנסאג'י או יוגאננדאג'י.

גלגול נשמות: הדוקטרינה המוסברת בכתבים ההינדיים הקדושים לפיה האדם נולד שוב ושוב עלי אדמות. מעגל גלגול הנשמות פוסק כאשר האדם חוזר במודע למעמדו כבן האלוהים. "המנצח אתננו לעמוד בהיכל אלוהי ולא יצא עוד החוצה" (חזון יוחנן ג:12). הבנת חוק הקארמה ותוצאתו הישירה, גלגול נשמות, מרומזת בפסוקים רבים בתורה.

הכנסייה הנוצרית הקדומה קיבלה את דוקטרינת גלגול הנשמות, שהוסברה על ידי הגנוסטיים ורבים מאבות הכנסייה, כולל קלמנט מאלכסנדריה, אוריגן אדמנטיוס וג׳רום הקדוש מהמאה החמישית. הדוקטרינה הוגדרה לראשונה כחילול הקודש בשנת 553 לספירה על ידי המועצה השנייה של קונסטנטינופול. באותה תקופה היו נוצרים שסברו כי רעיון גלגול הנשמות מספק לאדם מרחב פעולה רב מדי בזמן ובחלל מכדי שישאף לישועה מיידית בו במקום. היום פילוסופים מערביים רבים מקבלים את תאוריות הקארמה וגלגול הנשמות ומוצאים בהן את חוקי הצדק מאחורי החיים חסרי השוויון. ראה *קארמה*.

האם האלוהית: " ההיבט של האינסופי הבלתי-נברא שפעיל בבריאה מכונה בכתבי הקודש ההינדיים בתור האם האלוהית," כתב פרמאהנסאג׳י. "זהו ההיבט האישי של אלוהים שניתן לומר עליו שהוא "כמה" להתנהגות הנאותה של ילדיו ולהיענות לתפילותיהם. אנשים המדמיינים שהאל הבלתי-אישי אינו יכול להתגלם בצורה אישית שוללים למעשה את היותו כל יכול ואת האפשרות שהאדם יכול לתקשר עם בוראו. האל בדמות האם הקוסמית מופיע במוחשיות בפני "בקטאס" (bhaktas) אמיתיים (חסידים של האל האישי).

"האל מתגלם לפני קדושיו בצורה היקרה לכל אחד מהם. נוצרי אדוק רואה את ישו; הינדי רואה את קרישנה, או את האלה קאלי, או כאור מתרחב אם לסגידתו יש היבט בלתי אישי."

הכרה משיחית: מודעות לרוח האלוהית כאימננטית בכל אטום בבריאה הרוטטת.

הכרה קוסמית: מודעות לרוח האלוהית כמתעלה מעל הבריאה הסופית.

העין הרוחנית: עין החוכמה "התמימה," דלת הכוכב הפראנית שדרכה האדם חייב להיכנס כדי להגיע להכרה עצמית. חברי Self-Realization Fellowship לומדים את שיטת הכניסה לדלת הקדושה.

"אנוכי הדלת. איש כי יבוא בי יושע ובצאתו ובבואו ימצא מרעה" (יוחנן י':9). "נר הגוף הוא העין לכן בהיות עינך תמימה גם כל גופך יאור...על כן השמר-לך פן-יחשך האור אשר בקרבך" (לוקס יא:34-35).

וודות: ארבעת הכתבים הקדושים של ההינדים: ריג וודה, סאמא וודה, יג'ור וודה ואתרווה וודה. הן למעשה ספרות של מזמורים ודקלומים. מתוך שפע הכתבים ההודיים, רק לוודות (משורש הסנסקריט "ויד", לדעת) לא מיוחס מחבר. וודת ריג מייחסת למזמורים מקור אלוהי ומספרת לנו שהגיעו אלינו מ"זמנים עברו," והולבשו בשפה חדשה. הוודות הועברו בהשגחה אלוהית מדור לדור על ידי הרישים, "חוזים", ונחשבות לבעלות ניטיאטווה (nityatva), "נצחיות לעולם ועד."

יוגאננדה: השם הנזירי יוגאננדה הוא שילוב של שתי מילים, ופירושו "אושר עילאי (אננדה) דרך איחוד אלוהי (יוגה)."

יוגה: מילולית, "איחוד" של האדם עם יוצרו באמצעות תרגול של טכניקות מדעיות להכרה עצמית. שלושת הנתיבים העיקריים הם ג'נאנה יוגה (חוכמה), בהאקטי יוגה (מסירות), וראג'ה יוגה (הנתיב ה"מלכותי" או המדעי, הכולל את הטכניקות של *קריה יוגה*). הטקסט העתיק ביותר שקיים על המדע הקדוש הוא "היוגה סוטרות" של פטנג'לי. התאריכם בהם פטנג'לי חי אינם ידועים, אם כי כמה חוקרים מייחסים אותו למאה השנייה לפני הספירה.

יוגי: מי שמתרגל יוגה. הוא אינו צריך להיות אדם של פרישות פורמלית;

יוגי עוסק אך ורק בתרגול יומיומי נאמן של טכניקות מדעיות להכרה אלוהית.

לאהירי מהאסייה (1828–1895): הגורו של שרי יוקטשוואר והתלמיד של באבאג'י. לאהירי מהאסייה החיה את מדע היוגה העתיק שכמעט ואבד והעניק לטכניקות המעשיות את השם "קריה יוגה." הוא היה מורה משיחי בעל כוחות מופלאים. הוא היה גם איש משפחה עם אחריות עסקית. השליחות שלו הייתה להפיץ לעולם יוגה המתאימה לעולם המודרני שבה מדיטציה מאוזנת על ידי ביצוע נכון של חובות ארציות. לאהירי מהאסייה היה יוגהאווטאר או "התגלמות היוגה."

מאיה: אשליה קוסמית. מילולית "המודדת". *מאיה* היא הכוח המאגי של הבריאה היוצר את המגבלות וההפרדות לכאורה במה שאין לו שיעור ואינו ניתן להפרדה.

שרי יוגאננדה כתב ב*אוטוביוגרפיה של יוגי*:

"לא נכון להניח שרק ה*רישים* הקדמונים (חכמים הינדים) הבינו את האמת בנוגע ל*מאיה*. הנביאים בתנ"ך כינו את ה*מאיה* שטן (מילולית בעברית "היריב"). השטן או ה*מאיה* הוא הקוסם הקוסמי שמייצר שלל צורות כדי להסתיר את הישות האחת נטולת הצורה. תפקידו היחיד של השטן הוא להסיט את האדם מהרוח לחומר. ישו תיאר את ה*מאיה* בציוריות כשטן, רוצח ושקרן. 'השטן...הוא רוצח-נפש היה מראש ובאמת לא עמד כי אמת אין בו מדי דברו כזב משלו ידבר כי כוזב הוא ואבי הכזב' (יוחנן ח:8)."

מרכז הר וושינגטון: המטה הבינלאומי של Self-Realization Fellowship (בהודו, יוגודה סטסנגה), הידוע גם כ"מרכז האם," הוקם בלוס אנג'לס בשנת 1925 על ידי פרמאהנסה יוגאננדה. האתר

על ראש הגבעה, המשקיף על ליבה של לוס אנג'לס, משתרע על פני שנים עשר וחצי דונמים. בבניין המנהלה הראשי (ראה תמונה בעמוד 98), החדרים של גורודווה פרמאהנסה יוגאננדה מתוחזקים כמקדש. ממרכז האם, נזירי Self-Realization Fellowship מפיצים את תורתו של פרמאהנסאג'י בצורת שיעורים מודפסים לחברי הארגון, ומפרסמים את כתביו והרצאותיו האחרים באמצעות ספרים רבים וכתב העת "Self-Realization."

מסדר Self-Realization: המסדר הנזירי שפרמאהנסה יוגאננדה ייסד. נזירים ונזירות נודרים נדרים של פשטות (אי-היקשרות לנכסים), פרישות, צייתנות (נכונות לציית לכללי החיים על פי פרמאהנסה יוגאננדה) ונאמנות (מסירות לשרת את Self-Realization Fellowship, הארגון שפרמאהנסה יוגאננדה ייסד). מתוך המשכיות של פרמאהנסאג'י, שהיה חבר הענף הגירי של המסדר הנזירי ההינדי העתיק שנוסד על ידי סוואמי שנקרצ'ריה, נזירים ונזירות של Self-Realization Fellowship שנודרים את נדריהם האחרונים משתייכים גם למסדר השנקרה העתיק. (ראה *סוואמי*.)

נירוויקלפה סמאדהי: המצב הגבוה ביותר והבלתי הפיך של איחוד עם האל, סמאדהי. המצב הראשוני (אופייני בטראנס, חיות מושהית) נקרא *סאוויקלפה סמאדהי*.

נשימה: "הנשימה קושרת את האדם לבריאה," כתב יוגאננדאג'י. "אינסוף זרמים קוסמים חודרים לתוך האדם דרך הנשימה וגורמים למוחו להיות חסר מנוח. כדי להימלט מהזרימה הבלתי פוסקת של עולמי התופעות ולהיכנס לנצחיות הרוח, היוגי, על ידי מדיטציות מדעיות, לומד להשקיט את הנשימה."

סאדהו: אדם ההולך אחר "סדהנה" או דרך של משמעת רוחנית; סגפן.

סאט-טאט-אום: האב, הבן ורוח הקודש; או, אלוהים כטרנסצנדנטי או *נירגאנה* (nirguna), "ללא איכויות" - הכרה קוסמית בריק השליו מעבר לעולמות התופעות; אלוהים כהכרה משיחית, אימננטית בבריאה; ואלוהים כ*אום*, הרטט היוצר האלוהי.

סוואמי: חבר במסדר הנזירי העתיק ביותר של הודו, שאורגן מחדש במאה השמינית על ידי סוואמי שנקרצ'ריה. סוואמי נוטל נדרים רשמיים של פרישות וויתור על שאיפות ארציות; הוא מקדיש עצמו למדיטציה ולשירות האנושות. ישנם עשרה תארים סיווגיים המשויכים למסדר הסוואמי, כגון גירי, פורי, בהראטי, טירטה, סרסוואטי, ועוד. סוואמי שרי יוקטשוואר ופרמאהנסה יוגאננדה היו שייכים לענף הגירי ("הר").

סמאדהי: תודעת-על. ניתן להגיע לסמאדהי על ידי שמונת השלבים של דרך היוגה, בהם סמאדהי הוא השלב השמיני או המטרה הסופית. מדיטציות מדעיות - השימוש הנכון בטכניקות היוגה הקדומות שפותחו על ידי קדושי הודו - מביאות את החסיד לסמאדהי, הכרה אלוהית. כשם שהגל מתערבב בים, כך נשמת האדם מכירה עצמה כרוח השוררת בכל מקום.

פרמאהנסה: תואר דתי המסמל מי שאדון לעצמו. מוענק לתלמיד על ידי הגורו שלו. המשמעות המילולית של פרמאהנסה היא "ברבור נשגב." הברבור מיוחס בכתבים ההינדיים הקדושים כסמל להבחנה רוחנית.

קאלי: אלה הינדית מיתולוגית, המיוצגת כאישה בעלת ארבע ידיים. יד אחת מסמלת את כוחו היצירתי של הטבע; היד השנייה מייצגת את פעולות השימור הקוסמיות; היד השלישית היא סמל לכוחות המטהרים של הפירוק. ידה הרביעית של קאלי מושטת במחווה של ברכה וגאולה. באמצעים אלו היא קוראת לכל הבריאה

לחזור למקורה האלוהי. האלה קאלי היא סמל או היבט של האם האלוהית.

קארמה: חוק הקארמה המאזן, המוסבר בכתבי הקודש ההינדים, הוא של פעולה ותגובה, סיבה ותוצאה, זריעה וקציר. לפי מהלך הדברים הטבעי הצודק, כל אדם, מעצב את גורלו על ידי מחשבותיו ומעשיו. האנרגיות שהוא עצמו מפעיל, במזיד או בשגגה, חייבות חוזרות בסופו של דבר אל נקודת הפתיחה שלהן, כלומר אליו, כמעגל שנסגר ללא יכולת רחם. "העולם נראה כמו משוואה מתמטית, שאיך שלא תהפוך בה, תתאזן מעצמה. כל סוד מסופר, כל פשע בא על עונשו, כל מעלה זוכה לגמולה, כל עוולה מיושבת, בדממה ובוודאות" (אמרסון, *פיצוי*). ההבנה שהקארמה היא חוק הצדק עוזרת לשחרר את מוח האדם מרגשות טינה כלפי אלוהים ובני מינו. ראה *גלגול נשמות*.

קריה יוגה: מדע עתיק שפותח בהודו עבור מחפשי אלוהים. הטכניקה שלו מוזכרת ומהוללת על ידי קרישנה בבהגווד גיטה ועל ידי פטנג'לי ביוגה סוטרות. המדע המשחרר, שמוביל את המתרגל להשגת הכרה קוסמית, נלמד לחברי SRF.

קרישנה: אווטאר שחיי כמלך בהודו, עידנים לפני התקופה הנוצרית, ושהדרכתו האלוהית בבהגווד גיטה נערצת על ידי אינספור מחפשי אלוהים. בתחילת חייו הוא היה רועה בקר שהקסים את חבריו בנגינה על חלילו. אלגורית, האדון קרישנה מייצג את הנשמה המנגנת בחליל המדיטציה כדי להנחות את כל המחשבות המוטעות בחזרה אל חיק ידיעת הכל.

רוח הקודש: ראה *אום*.

שיעורי Self-Realization Fellowship: תורתו של פרמאהנסה יוגאננדה מקובצת לסדרת שיעורים מקיפה ללימוד ביתי ונגישה

למבקשי אמת כנים ברחבי העולם. שיעורים אלה מכילים את טכניקות מדיטציות היוגה שפרמאהנסה יוגאננדה לימד, וכוללת גם קריה יוגה למי שעומד בדרישות מסוימות. מידע על השיעורים זמין לפי בקשה מהמטה הראשי הבינלאומי של Self-Realization Fellowship (ראה עמוד 106).

שרי יוקטשוואר: הגורו הגדול של פרמאהנסה יוגאננדה, שקרא למורה שלו גנאנאווטאר (Jnanavatar) או "התגלמות החוכמה."

Self-Realization Fellowship (SRF): הארגון שפרמאהנסה יוגאננדה ייסד בארה"ב בשנת 1920 (ובהודו בשנת 1917 הידוע כ-Yogoda Satsanga Society) כדי להפיץ ברחבי העולם, למתן עזרה ולטובת האנושות, את העקרונות הרוחניים וטכניקות המדיטציה של הקריה יוגה. המטה הראשי הבינלאומי, מרכז האם, נמצא בלוס אנג'לס, קליפורניה. פרמאהנסה יוגאננדה הסביר שהשם Self-Realization Fellowship מסמל "אחווה עם אלוהים מתוך הכרה עצמית, וחברות עם כל הנשמות המבקשות אמת." ראה גם "מטרות ואידיאלים של Self-Realization Fellowship", בעמוד 107.